漢字マスター N2 改訂版

Kanji for high-intermediate level

アークアカデミー 編著

KANJI

三修社

漢字マスター N2　目次

はじめに			6
本書の特長			8
学習の進め方			9
自律学習のすすめ			16

基本編

1章　生活-1

ギフト	贈 渡 配 届 招 券	□（　／　）	20
料理	丼 汁 盛 混 溶 含	□（　／　）	21
引っ越し	越 契 賃 仮 証 域	□（　／　）	22
雑誌	雑 誌 刊 著 巻 並	□（　／　）	23
清掃	清 掃 整 汚 庭 居	□（　／　）	24
1章 復習	問/20問	（　／　）	25

2章　町

交通①	駐 輪 港 到 途 過	□（　／　）	26
交通②	符 停 標 普 刻 違	□（　／　）	27
産業	漁 輸 製 郵 航 融	□（　／　）	28
銀行①	戻 換 払 込 両 替	□（　／　）	29
銀行②	照 預 札 貨 帳 振	□（　／　）	30
2章 復習	問/20問	（　／　）	31
1章・2章 アチーブメントテスト	/100	（　／　）	32
1章・2章 クイズ		□（　／　）	34

3章　文化

文化①	俳 句 展 覧 詩 詞	□（　／　）	36
文化②	劇 舞 布 堂 宗 刀	□（　／　）	37
ファッション①	脱 掛 姿 勢 柔 軟	□（　／　）	38
様子を表す言葉①	固 純 快 甘 濃 薄	□（　／　）	39
歴史	宝 城 栄 蔵 昭 士	□（　／　）	40
3章 復習	問/20問	（　／　）	41

4章　健康-1

健康	健 康 診 療 命 異	□（　／　）	42
体①	背 腹 肩 腕 胸 腰	□（　／　）	43
体②	脳 臓 胃 筋 骨 節	□（　／　）	44
症状	症 状 因 況 態 圧	□（　／　）	45
治療	傷 処 触 針 抜 皮	□（　／　）	46
4章 復習	問/20問	（　／　）	47
3章・4章 アチーブメントテスト	/100	（　／　）	48
3章・4章 クイズ		□（　／　）	50

5章 仕事（しごと）

ビジネスマン①	忙 疲 慣 競 養 兼	□ （　／　）	52
労働（ろうどう）	就 従 応 訪 課 論	□ （　／　）	53
採用（さいよう）	採 募 雇 適 般 総	□ （　／　）	54
営業（えいぎょう）	企 案 依 頼 比 較	□ （　／　）	55
人事（じんじ）	評 価 改 善 勤 務	□ （　／　）	56
5章 復習（ふくしゅう）	問/20問	（　／　）	57

6章 会社（かいしゃ）

経営（けいえい）	営 景 資 役 拡 縮	□ （　／　）	58
販売（はんばい）	販 略 値 額 購 納	□ （　／　）	59
利益（りえき）	益 財 損 得 株 債	□ （　／　）	60
経費（けいひ）	充 余 加 除 増 減	□ （　／　）	61
出版（しゅっぱん）	版 編 片 裏 章 幅	□ （　／　）	62
6章 復習（ふくしゅう）	問/20問	（　／　）	63
5章・6章 アチーブメントテスト	/100	（　／　）	64
5章・6章 クイズ	□ （　／　）		66

7章 ミステリー

サスペンス①	毒 殺 責 逃 暴 恐	□ （　／　）	68
サスペンス②	緊 張 破 割 別 離	□ （　／　）	69
サスペンス③	殴 叫 怖 嫌 憎 恥	□ （　／　）	70
犯罪（はんざい）	犯 罪 容 疑 件 迷	□ （　／　）	71
犯人（はんにん）	印 象 誘 勧 刃 盗	□ （　／　）	72
7章 復習（ふくしゅう）	問/20問	（　／　）	73

8章 人間関係（にんげんかんけい）

仲間①（なかま）	周 囲 協 互 共 我	□ （　／　）	74
仲間②（なかま）	皆 緒 謝 励 抱 握	□ （　／　）	75
仲間③（なかま）	僕 輩 僚 誰 遊 冗	□ （　／　）	76
敬語①（けいご）	尊 敬 申 参 致 御	□ （　／　）	77
敬語②（けいご）	召 拝 了 承 伺 頂	□ （　／　）	78
8章 復習（ふくしゅう）	問/20問	（　／　）	79
7章・8章 アチーブメントテスト	/100	（　／　）	80
7章・8章 クイズ	□ （　／　）		82

9章 災害（さいがい）

気候（きこう）	乾 燥 湿 涼 雷 嵐	□ （　／　）	84
災害①（さいがい）	災 害 震 防 影 響	□ （　／　）	85
災害②（さいがい）	被 壊 傾 噴 崩 炎	□ （　／　）	86
災害③（さいがい）	洪 波 津 荒 激 吹	□ （　／　）	87
ボランティア	援 避 埋 泥 浮 沈	□ （　／　）	88
9章 復習（ふくしゅう）	問/20問	（　／　）	89

10章 社会-1

章節	漢字	ページ
教育①	講 義 導 専 限 修	90
教育②	述 基 博 将 塾 簿	91
法律①	法 律 規 則 禁 許	92
警察	警 察 署 捕 訓 乱	93
社会	産 農 貧 富 豊 等	94
10章 復習	問/20問	95
9章・10章 アチーブメントテスト	/100	96
9章・10章 クイズ		98
基本編 まとめテスト	/100	100

挑戦編

11章 生活-2

章節	漢字	ページ
住宅①	畳 床 軒 玄 壁 廊	104
住宅②	寮 隣 敷 狭 荘 奥	105
贈り物	封 筒 歳 暮 宛 菓	106
調味料	詰 瓶 粒 酢 糖 辛	107
交通③	渋 滞 街 往 距 灯	108
11章 復習	問/20問	109

12章 働く

章節	漢字	ページ
ビジネスマン②	携 即 稼 需 拒 厳	110
コピー	刷 枠 縦 斜 端 隅	111
様子を表す言葉②	堅 硬 鋭 鈍 詳 簡	112
様子を表す言葉③	頑 勇 賢 偉 珍	113
ファッション②	帽 傘 革 靴 柄 装	114
12章 復習	問/20問	115
11章・12章 アチーブメントテスト	/100	116
11章・12章 クイズ		118

13章 健康-2

章節	漢字	ページ
健康管理	睡 眠 喫 煙 脂 肪	120
出産	妊 娠 双 誕 脈 拍	121
診察	看 患 視 眼 舌 刺	122
介護	齢 潔 菌 剤 渇 吐	123
美容	肌 粧 髪 脚 華 鏡	124
13章 復習	問/20問	125

14章 動植物

章節	漢字	ページ
花①	桜 梅 松 杉 菊 綿	126
花②	咲 枯 枝 美 香 飾	127
色	紅 紺 灰 紫 鮮 彩	128
ペット	飼 与 散 巣 猫	129
牧畜	羊 豚 畜 放 牧 絶	130
14章 復習	問/20問	131

	13章・14章 アチーブメントテスト	/100	(/)	132
	13章・14章 クイズ	□	(/)	134

15章 地球

地球	宇 宙 環 境 極 昇	□	(/)	136
水①	泉 源 恵 泡 井 沢	□	(/)	137
水②	滝 沼 滴 凍 瀬 浄	□	(/)	138
砂浜	湾 沖 浜 江 層 砂	□	(/)	139
地質	掘 穴 洞 炭 鉱 銅	□	(/)	140
15章 復習	問/20問		(/)	141

16章 文化

宴会①	宴 催 寄 酌 騒 踊	□	(/)	142
宴会②	誤 憶 延 超 更 徹	□	(/)	143
日本文化	精 像 殿 坊 跡 祈	□	(/)	144
16章 復習		□	(/)	145
15章・16章 アチーブメントテスト	/100		(/)	146
15章・16章 クイズ		□	(/)	148

17章 社会-2

法律②	条 令 司 制 策 際	□	(/)	150
戸籍	孫 祖 似 氏 籍 偶	□	(/)	151
政治①	党 民 挙 委 権 票	□	(/)	152
政治②	省 庁 完 臣 争 敗	□	(/)	153
政治③	統 衆 秩 序 閣 批	□	(/)	154
17章 復習	問/20問		(/)	155

18章 社会-3

軍備	軍 兵 隊 銃 砲 核	□	(/)	156
攻撃	攻 撃 爆 弾 射 武	□	(/)	157
圧力	敵 侵 迫 脅 屈 討	□	(/)	158
防衛	衛 盟 領 占	□	(/)	159
裁判	裁 捜 護 刑 罰	□	(/)	160
18章 復習	問/20問		(/)	161

19章 地名

地名①	阪 埼 栃 茨 梨 群	□	(/)	162
地名②	鹿 奈 媛 岐 阜	□	(/)	163
地名③	岡 崎 丘 丁 塚	□	(/)	164
19章 復習	問/20問		(/)	165
17-19章 アチーブメントテスト	/100		(/)	166
17-19章 クイズ		□	(/)	168
挑戦編 まとめテスト	/100		(/)	170

索引	172
解答	180

はじめに

「漢字マスターシリーズ」は、日本語を学ぶ方が、ひらがな、カタカナの習得を経て、日本語の3つ目の文字である漢字を楽しみながらしっかりと学ぶことを目指して作成されました。本シリーズを使って学習を進めると、N5～N1の全シリーズ修了時には2010年11月30日告示の「常用漢字表」一覧に掲載された2136字に、その他に使用頻度が高いと思われる表外字14字を加えた2150字が習得できます。

　本シリーズは、漢字とともに、多くの語彙や慣用句も一緒に習得できるように作られています。提示した語例や例文は、日常生活の中で身近に接することが多いものをとりあげましたので、漢字そのものの学習とともに生活の中でよく使われる言葉や表現を増やすことが可能です。また、非漢字圏の方にも学びやすいように、漢字には全てルビを振りました。プレッシャーを感じることなく漢字の能力を伸ばすことができるからです。

　『漢字マスターN2』は、原則として、各章30文字、1ページに6文字を提示してあります。たとえば、1日1～2ページ、1週間に1章のように計画を立てて学習することで、自律的な学びが可能になります。本書には、基本編の300字と挑戦編の239字の合計539字が掲載され、日常生活に必要な語彙だけでなく、新聞や雑誌の漢字と言葉が習得できます。『漢字マスターN5、N4、N3』に掲載した漢字675字と合わせると、合計1214字の習得が可能です。本書に掲載した漢字はN1レベルに進む前に必ずマスターすることを目指してください。

　本シリーズは長きにわたる改訂を重ね、その結果、理想の教材に近づいたと自負しております。私たちを支えてくださった多くの皆様に心からお礼を申し上げます。皆様の漢字学習が成功することを執筆者一同、願っています。

アークアカデミー

Introduction

"Kanji Master Series" has been prepared for students who have mastered hiragana and katakana to learn and enjoy the process of learning kanji, the third group of characters in Japanese.
Students who complete this series from N5 to N1 will learn 2,150 characters including 2,136 characters listed in the "Joyo (Daily-use) Kanji List" released on November 30, 2010 as well as 14 characters considered frequently used but not listed in the Joyo (Daily-use) Kanji List.
This series is structured so that students can learn rich vocabulary and idioms as well as kanji. As sample words and sentences given in the textbook are selected from daily and familiar situations, students can acquire words and expressions commonly used in daily life as they learn the kanji characters themselves. For those who are from non-kanji regions, all the kanji in the textbook have ruby (small hiragana characters above the kanji) for easy learning. Because of that, students can grow their ability in kanji without feeling overwhelmed.
In principle, each chapter of "Kanji Master N2" contains 30 characters, with six characters per page. A study plan of one to two pages a day, or one chapter a week, enables you to study in a self-disciplined way. This textbook contains a total of 539 kanji characters including 300 in the Basic Part and 239 in the Challenge Part, which allows you to study not only vocabulary necessary for daily life but also kanji and words used in newspapers and magazines. Combined with the 675 kanji characters from "Kanji Master N5, N4, and N3" a total of 1,214 kanji are studied. Aim to master the kanji listed in this textbook before proceeding to the N1 Level.
We believe this series of textbooks is an ideal tool for learning after years of revisions. We sincerely appreciate those who have supported us. We wish you the very best for your success in kanji learning.

ARC Academy

最初

《主攻汉字丛书》是为那些初学日语者，学完平假名，片假名，进入学习日语的第3个文字汉字时，能愉快地学习汉字为目的而编制的。

如果用本丛书学习，学完N5到N1时，你将能掌握2010年11月30日告示的"常用汉字表"一栏所示的2136字和被认为使用频率较高此表以外的14个汉字，共计2150个汉字。

本丛书，在学习汉字的同时，收录了许多词汇和惯用语，帮助您掌握。由于所提供的例句例文，大多都是在我们的日常生活中常见的实例，所以在学习汉字的同时，您可以增加许多在日常生活中常用的词汇与表达方式。还为非汉字圈的人们学习方便，所有汉字都注有读音。让您不必感到压力就能提高汉字能力。

《主攻汉字N2》原则上每章设有30个汉字，每页设有6个汉字。假设建立一天学习1～2页、一周学习一章的学习计划，即可进行自主学习。本书含基本篇的300字和挑战篇的239字在内，合计共有539字，除了日常生活所需词汇，也能掌握阅读报刊杂志所需的字体。加上《主攻汉字N5、N4、N3》中包含的675个汉字，共计可学习1214个汉字。在进阶N1之前请务必掌握本书中的汉字。

本丛书经历了长期的多次修改，我们坚信这已经是一部近乎理想的教材。衷心感谢各位对我们的支持。我们执笔全体成员希望各位能够成功掌握汉字。

ARC Academy

LỜI NÓI ĐẦU

Bộ sách "Kanji Master" ra đời với mục đích giúp những ai đang theo học tiếng Nhật và đã hoàn thành xong hai bộ chữ cái Hiragana và Katakana, có thể tiếp tục theo học chữ Hán (chữ Kanji) - bộ chữ thứ 3 trong tiếng Nhật một cách thật chỉn chu nhưng không hề mang đến cảm giác căng thẳng, áp lực.

Nếu theo học hết bộ sách này, sau khi hoàn thành toàn bộ các tập từ N5 đến N1, bạn đọc hoàn toàn có thể có trong tay 2150 chữ Hán, bao gồm cả 2136 chữ có trong "Bảng chữ Hán thông dụng" được công bố ngày 30 tháng 11 năm 2010, và 14 chữ Hán khác có tần suất sử dụng cao nhưng lại chưa được đưa vào trong bảng này. Với bộ sách này, bạn đọc sẽ được học đồng thời cả chữ Hán và rất nhiều từ vựng, quán ngữ liên quan.

Người biên soạn sách đã chọn lọc và đưa ra những từ vựng và câu ví dụ gần gũi mà bạn đọc sẽ được tiếp xúc thường xuyên trong cuộc sống hàng ngày. Do đó, song song với quá trình học tập từng chữ Hán, bạn đọc hoàn toàn có thể nâng cao được vốn câu, vốn từ thông dụng cho bản thân. Ngoài ra, để giúp bạn đọc ở những quốc gia không sử dụng chữ Hán có thể học tập dễ dàng hơn, toàn bộ chữ Hán đều được phiên âm cách đọc. Nhờ đó, bạn đọc sẽ nâng cao được năng lực chữ Hán của mình mà không cảm thấy mệt mỏi, áp lực.

Với giáo trình KANJI MASTER N2, mỗi chương học cơ bản bao gồm 30 chữ Hán, mỗi trang sẽ được trình bày 6 chữ. Bạn đọc hoàn toàn có thể tự học bằng việc xây dựng kế hoạch học tập cho riêng mình, ví dụ một ngày học 1~2 trang, mỗi tuần học một chương. Giáo trình bao gồm tổng cộng 539 chữ, trong đó gồm 300 chữ thuộc PHẦN CƠ BẢN và 239 chữ thuộc PHẦN THỬ THÁCH. Qua đó bạn đọc không chỉ được học những từ vựng cần thiết cho cuộc sống hàng ngày, mà còn có cơ hội tiếp xúc với chữ Hán và từ vựng thường xuyên xuất hiện trên báo, tạp chí.

Sau khi hoàn thành giáo trình N2, cùng với 675 chữ Hán đã được giới thiệu trong các tập KANJI MASTER N5, N4, N3, bạn đọc sẽ có trong tay tổng cộng 1214 chữ Hán. Trước khi bước sang trình độ N1, bạn đọc nhất định hãy đặt cho mình mục tiêu nắm vững toàn bộ chữ Hán được đưa ra trong giáo trình này.

Là kết quả của một quá trình nỗ lực sửa đổi trong thời gian dài, chúng tôi tự hào rằng đây là một giáo trình đã chạm tới tiêu chuẩn của một giáo trình lý tưởng. Tập thể người biên soạn sách xin được gửi lời biết ơn chân thành tới tất cả những cá nhân, tổ chức đã giúp đỡ chúng tôi hoàn thành giáo trình này. Đồng thời xin chúc quý bạn đọc sẽ gặt hái được nhiều thành công trong quá trình học chữ Hán của mình.

ARC Academy

本書の特長
ほんしょ とくちょう

POINT 1. 広い分野の漢字学習ができる

『漢字マスターN2』では、生活・教育・社会・政治等のカテゴリー別に漢字を分類しました。各カテゴリーには更に小タイトルをつけて、イメージしやすい場面から効率的に学べるように配置しました。

例）1章 生活-1　　　　　　　　　　10章 社会-1

ギフト・・・贈 渡 配 届 招 券		教育①・・・講 義 導 専 限 修
料理・・・・丼 汁 盛 混 溶 含		教育②・・・述 基 博 将 塾 簿
引っ越し・・越 契 賃 仮 証 域		法律①・・・法 律 規 則 禁 許
雑誌・・・・雑 誌 刊 著 巻 並		警察・・・・警 察 署 捕 訓 乱
清掃・・・・清 掃 整 汚 庭 居		社会・・・・産 農 貧 富 豊 等

POINT 2. N1への足掛かりをつかむ

本書は中級、中上級の学習と認識し、N1への橋渡しであると位置づけたテーマを選びました。漢字は徐々に難易度が上がるように選択してあります。提示した語例や例文は、N2レベルと判断したものを取り上げました。各章のテーマに沿ったものを選択しましたので、同分野の中でスムーズに語彙を増やすことができます。また、広く現代で使われる言葉も加えました。

POINT 3. 美しく読みやすい文字が書ける

本書のフォントは、モリサワUDデジタル教科書体を採用しました。学習する方にとって文字の形がわかりやすく、間違えにくいフォントです。手本をよく見て、きれいな形の文字をマスターしてください。

POINT 4. バラエティに富んだ学習で楽しく学べる

各章で学んだ漢字は、復習やアチーブメントテスト、クイズ等で確認することができます。様々な形態の文章が掲載されていますので、多くの読み物に対応する漢字を楽しく習得することができます。

学習の進め方
がくしゅう　すす　かた

漢字学習の進め方を次に記します。学習中もこの「学習の進め方」を確認し、字形、筆順を常に意識しましょう。

- STEP 1. 基本編と挑戦編に分かれています。それぞれ興味がある章から取り組むこともできます。まずは、どんな漢字を学ぶか確認します。
- STEP 2. 新しく学ぶ親字の横にある、訓読み、音読み、送りがなを確認します。
- STEP 3. 親字の右にある、画数を確認します。
- STEP 4. まず、うすい文字の上をなぞります。そして、手本を見て視写をくりかえし、正しい字形を覚えます。
- STEP 5. 親字を用いた語例や文例が示してあります。熟語や助詞をともなった形で覚えます。
- STEP 6. 復習、アチーブメントテスト、クイズ、まとめテストに進みます。

※基本的にN1レベルの漢字は使用していませんが、熟語の中で、ひらがなで書くと意味が分かりにくいと判断したものは漢字表記とし、ルビをつけました。(例：盲導犬)

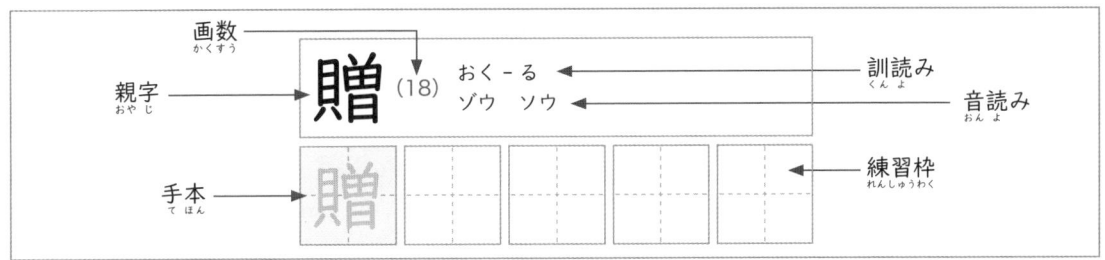

| 復習 | 学習した漢字の定着度を確認するために、1章ごとの問題を解きます。確認や苦手な漢字の発見に活用してください。 |

| アチーブメントテスト | 2章ごと（17章〜19章は除く）にあります。アチーブメントテストを解き、自身のレベルチェックに利用してください。 |

| クイズ | 学習に変化をつけ、楽しく学べるようにクイズもあります。宿題やテスト等に活用してください。 |

漢字学習☑ ⇒ 復習☑ ⇒ アチーブメントテスト☑ ⇒ クイズ☑ ⇒ まとめテスト☑

| まとめテスト | 総復習として、基本編1章〜10章、挑戦編11章〜19章のまとめテストがありますので、定着、確認のために利用してください。 |

| 目次 | 理解度の把握のために、チェック欄☑、および学習日程（　　／　　）をつけました。独学の場合も授業で取り扱う場合も、学習計画や定着度の確認等に役立ててください。 |

| とくべつな言葉 | 常用漢字表に掲載されている読みは網羅しましたが、難易度が高いと判断した読みを持つ言葉には△をつけました。 |

Features of this book

POINT 1. Learn kanji characters used in a wide range of areas

In "Kanji Master N2," kanji are divided into categories, including Life, Education, Society, Politics, and others. Moreover, each category also has small titles to facilitate learning from easily imagined situations.

e.g.) Chapter 1 Life
- Gift ···· 贈 渡 配 届 招 券
- Cooking ·· 丼 汁 盛 混 溶 含
- Move ··· 越 契 賃 仮 証 域
- Magazine ·· 雑 誌 刊 著 巻 並
- Cleaning ·· 清 掃 整 汚 庭 居

Chapter 10 Society 1
- Education 1 ·· 講 義 導 専 限 修
- Education 2 ·· 述 基 博 将 塾 簿
- Law 1 ···· 法 律 規 則 禁 許
- Police ···· 警 察 署 捕 訓 乱
- Society ···· 産 農 貧 富 豊 等

POINT 2. Gain a foothold to N1

In this textbook we choose themes that can help prepare you for N1 study, remaining aware that it – the textbook - is for mid-level to mid-advanced learners. Kanji characters are placed in the order of difficulty level from easiest to most difficult. We pick up sample words and sentences that are considered suitable for the N2 level. As we choose kanji in accordance with each chapter's theme, you can smoothly increase vocabulary in the same category. Moreover, we add words that are widely used in the present day.

POINT 3. Write beautiful and legible characters.

Morisawa's UD Digital Kyokasho-tai, which is easy for those who study kanji to recognize the character form without mistakes, is adopted for this textbook. Let's learn to write legible characters by carefully modeling after examples.

POINT 4. Learn in a fun way through a variety of study exercises

You can confirm the kanji you learned in each chapter through Review, Achievement Tests, and Quizzes. Through various types of sentences you can enjoy learning and master the kanji that are used in many reading materials.

How to Study

Next let's look at how to study kanji. During your study, be aware of these steps, and pay attention to the correct character form and stroke order.

STEP 1. The textbook is divided into the Basic Part and the Challenge Part. You can start from any chapter you are interested in. Understand what kind of kanji are included.

STEP 2. Check Kun-yomi, On-yomi, and Deslensional Kana Endings of a new index character, written next to it.

STEP 3. Check the number of strokes indicated to the right of the index kanji.

STEP 4. First, trace thin letters. Repeat it until you remember the correct character form.

STEP 5. Sample words and sentences using the index kanji are shown. Remember kanji as idioms or with postpositional particles.

STEP 6. Proceed to Review, Achievement Tests, Quizzes, and Summary Tests.

Basically, N1-level kanji are not chosen. However, if some kanji in idioms are written in hiragana and that makes it difficult to understand the idiomatic meaning, they are written in kanji with ruby. (e.g. 盲導犬)

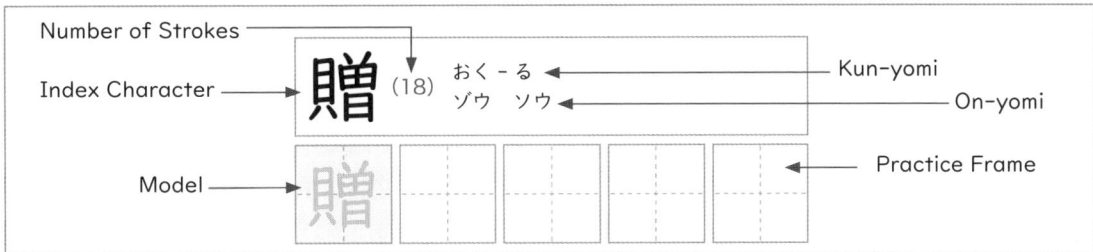

Review

Answer the review questions in every chapter to check your retention level. Use this review to find kanji that are difficult for you to remember.

Achievement Tests

These are once for every two chapters (excluding Chapters 17 to 19). Take the achievement test to check your level.

Quizzes

The textbook also provides Quizzes to give variation to learning and provide fun activities. Please use Quizzes for homework and tests.

Kanji Learning ☑ ⇒ Review ☑ ⇒ Achievement Tests ☑ ⇒ Quizzes ☑ ⇒ Summary Tests ☑

Summary Tests

Summary Tests are after the Basic Part (Chapter 1-10) and the Challenge Part (Chapter 11-19) as an overall review. Use the summary test to reinforce what you have learned and evaluate your study.

Contents

There are check boxes ☑ and Study Day columns (/) to measure your level of understanding. Use them to make a study plan and evaluate performance for either self or class study.

Special words

Though reading of kanji listed in the "Joyo (Daily-use) Kanji List" are covered, words that are considered to be difficult to read are marked with △.

本书特点

要点 1　能学习多种领域的汉字

《主攻汉字 N2》从生活，教育，社会，政治等类别将汉字进行了分类。各类别又分别添加了小标题，通过更容易想象的画面来实现更有效率的学习。

例）　1 章　生活 – 1　　　　　　　　　　　10 章　社会 – 1

礼物・・・・　贈　渡　配　届　招　券　　　教育1・・・　講　義　導　専　限　修
料理・・・・　丼　汁　盛　混　溶　含　　　教育2・・・　述　基　博　将　塾　簿
搬家・・・・　越　契　賃　仮　証　域　　　法律1・・・　法　律　規　則　禁　許
杂志・・・・　雑　誌　刊　著　巻　並　　　警察・・・・　警　察　署　捕　訓　乱
清扫・・・・　清　掃　整　汚　庭　居　　　社会・・・・　産　農　貧　富　豊　等

要点 2　为 N1 学习打下基础

本书内容为中级和中上级水平，以迈向 N1 的过渡学习为定位来选择主题。汉字难度逐步增加。展示的例词和例句以 N2 难度为基准。各章词语也选择了符合主题的内容，可以在同一领域中顺利增加词汇量。另外，还添加了很多现代广泛使用的词句。

要点 3　能写出易读端正漂亮的汉字

为方便独学者学习，在汉字上附上了正确的笔顺数字，使您能够书写易读且美丽的汉字。本书字型采用森泽（morisawa）的 UD 数码教科书体。是学习日语汉字者容易分辨汉字字形，不易出错的字体。请您仔细按照字体写出端正的汉字。

要点 4　可以进行内容丰富的趣味学习

每章学习的汉字可以通过复习和成绩测验和问答来检验学习成果。另附"问答"部分，刊登了各种形态的文章，可以愉快地学习对应不同读物的汉字。

学习方法

下面为汉语学习的步骤。学习中也请确认"学习步骤",注意汉字的字形和笔顺。

第1步, 本书分为基本篇和挑战篇。可根据兴趣分别选择章节开始学习。首先请确认要学习什么汉字。

第2步, 确认新学汉字边上的训读·音读及结尾假名

第3步, 要确认汉字右边的笔画数字。

第4步, 首先在浅色文字上临摹。然后边参照范本边重复练习书写,以记住正确的字形。

第5步, 本书刊登了使用了汉字的例词和例句。可伴随复合词和助词来记忆。

第6步, 进入复习、成绩测验、问答、综合测验。

※ 本书基本没有使用N1水平的汉字,但复合词中如果有认为仅用片假名表示会比较难懂的词,会使用汉字表示,并标示注音假名。(例:盲導犬)

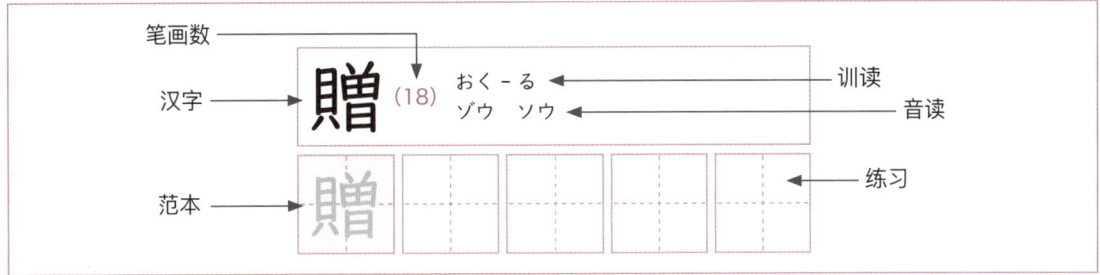

|复习|
为确认所学汉字的掌握程度,以章为单位分类解题。用于确认并发现自己不熟悉的汉字。

|成绩测验|
每两章1次(17章〜19章除外)。通过成绩测验,检查自己的水平。

|问答|
为变换花样,愉快的学习,本书还附有问答。请用于作业及考试。

学习汉字 ☑ ⇒ 复习 ☑ ⇒ 成绩测验 ☑ ⇒ 问答 ☑ ⇒ 综合测验 ☑

|综合测验|
基本篇1章–10章、挑战篇11章–19章后有综合测验,可以进行总复习,确认掌握程度。

|目录|
为把握理解度,请注明复核栏,学习日栏。无论您是独学者还是授课学习者,请用于制定学习计划及掌握程度的确认。

|特殊词语|
本书收罗了常用汉字表里出现的读音。而读音难度较高的词语标记了△符号。

ĐẶC TRƯNG GIÁO TRÌNH

Đặc trưng 1: CÓ THỂ HỌC CHỮ HÁN TRÊN PHẠM VI RỘNG

Giáo trình KANJI MASTER N2 được chia thành nhiều chủ đề như cuộc sống, giáo dục, xã hội, chính trị v.v. Mỗi chủ đề lại được chia thành nhiều đầu mục nhỏ, giúp bạn đọc có thể học tập từ những tình huống thực tế, dễ hình dung.

Ví dụ: Chương 1: Cuộc sống 1   Chương 10: Xã hội 1

   Quà tặng · · · · 贈 渡 配 届 招 券 Giáo dục 1 · · · 講 義 導 専 限 修

   Nấu nướng · · · 丼 汁 盛 混 溶 含 Giáo dục 2 · · · 述 基 博 将 塾 簿

   Chuyển nhà · · · 越 契 賃 仮 証 域 Luật pháp 1 · · · 法 律 規 則 禁 許

   Tạp chí · · · · 雑 誌 刊 著 巻 並   Cảnh sát · · · · 警 察 署 捕 訓 乱

   Dọn dẹp vệ sinh · · 清 掃 整 汚 庭 居 Xã hội · · · · 産 農 貧 富 豊 等

Đặc trưng 2: TẠO NỀN MÓNG ĐỂ BƯỚC SANG N1

Hướng đến nhu cầu học tập ở trình độ trung và trung cao cấp, giáo trình đã chọn lọc và đưa ra những chủ đề có vai trò là cầu nối để bước sang trình độ N1. Các chữ Hán được sắp xếp theo thứ tự tăng dần về độ khó, với từ vựng và câu ví dụ đi kèm tương đương ở trình độ N2. Đồng thời, giáo trình đã lựa chọn, liệt kê chữ Hán và từ vựng theo sát chủ đề của từng chương học, giúp bạn đọc tăng cường vốn từ vựng theo từng lĩnh vực một cách có hệ thống. Ngoài ra, người biên soạn sách cũng không quên đưa vào giới thiệu những từ vựng được sử dụng rộng rãi trong cuộc sống hiện nay.

Đặc trưng 3: Có thể học được cách viết chữ Hán đẹp, dễ nhìn

Font chữ được sử dụng trong giáo trình là font chữ dành cho giáo trình điện tử UD của công ty thiết kế Morisawa. Đây là font chữ có thể giúp người học dễ dàng nắm bắt hình thái chữ viết, mà không bị nhầm lẫn. Bạn đọc hãy quan sát kỹ chữ mẫu và nắm vững hình thái chuẩn của chữ.

Đặc trưng 4: Học tập vui vẻ qua nhiều hình thức phong phú

Sau mỗi chương học, bạn đọc có thể tự xác nhận chữ Hán đã học qua bài tập luyện tập, bài kiểm tra thành tích, câu đố v.v. Với nhiều hình thái câu văn đa dạng, bạn đọc có thể nắm được cách đọc chữ Hán trong nhiều văn cảnh khác nhau một cách hết sức vui vẻ, thoải mái.

PHƯƠNG PHÁP HỌC

Phương pháp học chữ Hán sẽ được giải thích cụ thể như dưới đây. Trong suốt quá trình học, bạn đọc hãy xác nhận thường xuyên "PHƯƠNG PHÁP HỌC", đồng thời luôn chú ý tới hình thái, trình tự nét chữ của từng chữ Hán.

BƯỚC 1: Giáo trình được chia thành hai phần: Phần cơ bản và Phần thử thách. Bạn đọc có thể bắt đầu với những chương học mà mình có hứng thú thuộc một trong hai phần này. Trước tiên, hãy xác nhận chữ Hán mà bạn sẽ học hôm nay.

BƯỚC 2: Xác nhận cách đọc âm ON, âm KUN, hậu tố Kana (Okurigana) được giải thích bên cạnh chữ Hán mới học.

BƯỚC 3: Xác nhận số nét chữ được ghi bên dưới chữ Hán.

BƯỚC 4: Đầu tiên, hãy tô đè lên nét chữ của chữ cái được in mờ. Sau đó, vừa nhìn chữ mẫu, vừa tập viết nhiều lần để ghi nhớ cách viết đúng.

BƯỚC 5: Tại bước này, bạn đọc sẽ gặp những ví dụ về từ và câu văn có sử dụng chữ Hán gốc. Hãy học thuộc chữ Hán theo cụm từ và trợ từ đi kèm.

BƯỚC 6: Lần lượt hoàn thành tiếp phần ôn tập, bài kiểm tra thành tích, câu đố và bài thi tổng hợp.

※ Về cơ bản, giáo trình sẽ không đưa vào những chữ Hán khó ở trình độ N1. Tuy nhiên, trong các cụm thành ngữ, tục ngữ, với những chữ Hán có nguy cơ bị hiểu sai nghĩa khi được viết bằng Hiragana, giáo trình sẽ giữ nguyên chữ Hán đó và phiên âm cách đọc ngay xuống bên dưới chữ Hán. (Ví dụ: 盲導犬)

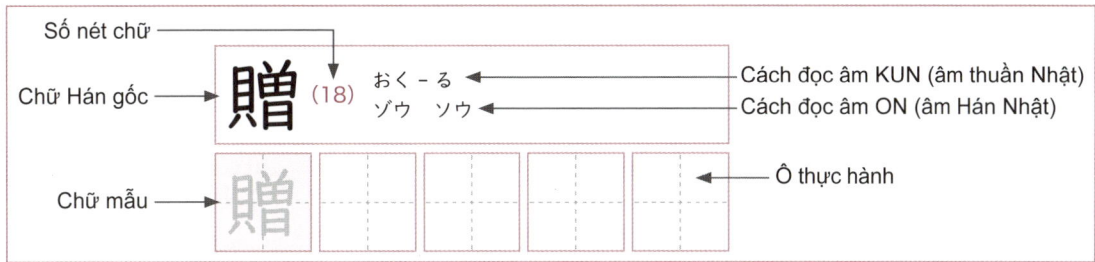

Ôn tập
Bạn đọc hãy làm bài tập ôn tập ở cuối mỗi chương để xác nhận mức độ hiểu và thuộc chữ Hán đã học. Hãy tận dụng tốt phần này để xác nhận kiến thức và tìm ra những chữ Hán mà bạn còn yếu.

Bài kiểm tra thành tích
Đây là bài kiểm tra sau mỗi 2 chương học (trừ chương 17 ~ 19). Hãy tiến hành làm bài kiểm tra và tự xác nhận trình độ của bản thân.

Câu đố
Mục câu đố trong giáo trình sẽ giúp thay đổi hình thức học và khiến việc học trở nên vui vẻ, thú vị hơn. Hãy tận dụng tốt phần này như một phần bài tập và kiểm tra.

Học chữ Hán ✓ ⇒ Ôn tập ✓ ⇒ Bài kiểm tra thành tích ✓ ⇒ Câu đố ✓ ⇒ Bài thi tổng hợp

Bài thi tổng hợp
Sau các chương 1~10 của PHẦN CƠ BẢN và chương 11~19 của PHẦN THỬ THÁCH, giáo trình đã bố trí bài thi tổng hợp. Bạn đọc hãy tận dụng bài thi để xác nhận và nắm vững hơn kiến thức của mình.

Mục lục
Để giúp bạn đọc nắm được mức độ hiểu bài của bản thân, giáo trình có sẵn cột đánh dấu tích ✓ và cột ghi chú ngày tháng học (/). Dù là tự học hay sử dụng giáo trình trong giờ học trên lớp, bạn đọc cũng hãy tận dụng phần này cho việc lên kế hoạch học tập, cũng như xác nhận mức độ hiểu bài, thuộc bài của bản thân.

Từ vựng đặc biệt
Mặc dù giáo trình đã bao quát những cách đọc được đưa ra trong Bảng chữ Hán thông dụng, tuy nhiên, với những cách đọc được cho là ở trình độ nâng cao sẽ được đánh dấu △

自律学習のすすめ

自律学習とは、学習者が自分の学習に主体的にかかわり、学習全体に責任を持つ学習方法を指します。学ぶ目的を自分で定め、自分で目標、方法やスタイルを設定し、学習を進めます。例えば、次の手順が考えられます。

① 学習の目的を自分で考え、決定する。
② 目標や学習計画を立てる。
③ 目標達成の手段を考える。
④ 計画を実行する。
⑤ テスト等で定着を確認する。
⑥ 定期的に結果や学習の過程を振り返り、自分で評価する。
⑦ 学習がうまくいかなかった場合は、②に戻る。

Aさんの例：

①目的：推理小説を読むため
②目標：小説を日本語で読めるようになる
　計画：1日2ページずつ進める
　　　　2章分終わったら、アチーブメントテストを行う
③手段：ノートに書いて覚える
　　　　読み方と言葉は携帯アプリで覚える

『漢字マスター』をリソースとして、自分で自分の学習をコントロールしてみてください。自律的な学びは漢字だけでなく、他の学習にも利用できますので、言語学習に有効です。

〈自律学習モデル図〉

① 学習の目的を自分で考え、決定する
Think through the learning purpose and decide for yourself.
自己思考并决定学习目的。
Tự suy nghĩ, quyết định mục đích tổng thể.

② 目標や学習計画を立てる
Make a goal and a study plan.
制定学习目标和学习计划。
Xây dựng từng mục tiêu nhỏ hơn và kế hoạch học tập.

③ 目標達成の手段を考える
hink through methods to achieve the goal.
思考达成目标的办法。
Suy nghĩ cách thức học tập để đạt được mục tiêu.

④ 計画を実行する
Carry out the plan.
实施计划。
Thực hiện kế hoạch

⑤ テスト等で定着を確認する
Reinforce what you have learned through tests and other exercises.
通过测验来确认掌握情况。
Xác nhận kiến thức qua bài kiểm tra v.v.

⑥ 定期的に結果や学習の過程を振り返り、自分で評価する
Regularly review results and the learning process, and evaluate your study by yourself.
定期回顾学习成果和学习过程，进行自我评价。
Tự đánh giá kết quả và quá trình học theo định kỳ.

⑦ 学習がうまくいかなかった場合は、②に戻る
When the study seems not to be going well, start again from ②.
如果学习没有顺利进行，重新返回步骤②。
Khi kế hoạch học tập không theo đúng dự kiến, quay lại bước ②.

In self-disciplined learning, learners actively engage in their own learning and are responsible for the whole course of learning. Learners proceed with their study, deciding the purpose of learning of their own will, and set up a goal, method, and style of learning by and for themselves. For example, the process may be as follows:

① Think through the learning purpose and decide for yourself.
② Make a goal and a study plan.
③ Think through methods to achieve the goal.
④ Carry out the plan.
⑤ Reinforce what you have learned through tests and other exercises.
⑥ Regularly review results and the learning process, and evaluate your study by yourself.
⑦ When the study seems not to be going well, start again from ② .

Try to manage your study by yourself using this "Kanji Master" series. When you master the self-disciplined learning, it can be very useful not only for kanji learning but in other learning as well and effective for language learning in particular.

自主学习是指以学习者为主参与学习，担负起整体学习的重任。包括自己设定学习目的、学习目标以及学习方式和方法，推动学习。比如可以按照下面的步骤来进行学习。

① 自己思考并决定学习目的。
② 制定学习目标和学习计划。
③ 思考达成目标的办法。
④ 实施计划。
⑤ 通过测验来确认掌握情况。
⑥ 定期回顾学习成果和学习过程，进行自我评价。
⑦ 如果学习没有顺利进行，重新返回步骤②。

请以《主攻汉字》为资源，试着自己掌控自己的学习。自律学习不仅用于学习汉字，也能用于其他学习，对于语言学习很有帮助。

Tự học là phương pháp mà học viên phải chủ động với việc học tập của bản thân, đồng thời tự chịu trách nhiệm về tổng thể việc học tập của mình. Học viên phải tự quyết định mục tiêu học, phương pháp, cách thức học ,và tự mình thực hiện kế hoạch học tập. Sau đây, hãy cùng quan sát ví dụ về trình tự thực hiện việc tự học.

① Tự suy nghĩ, quyết định mục đích tổng thể.
② Xây dựng từng mục tiêu nhỏ hơn và kế hoạch học tập.
③ Suy nghĩ cách thức học tập để đạt được mục tiêu.
④ Thực hiện kế hoạch
⑤ Xác nhận kiến thức qua bài kiểm tra v.v.
⑥ Tự đánh giá kết quả và quá trình học theo định kỳ.
⑦ Khi kế hoạch học tập không theo đúng dự kiến, quay lại bước ② .

Bạn đọc hãy tận dụng bộ giáo trình KANJI MASTER như một phương tiện để tự điều chỉnh việc học tập của chính bản thân mình. Khi có thói quen tự học, bạn hoàn toàn có thể áp dụng vào việc học tập những môn học khác. Do đó, có thể nói rằng tự học chính là chìa khóa hiệu quả cho việc học ngoại ngữ.

漢字マスター 改訂版
N2
Kanji for high-intermediate level

基本編
きほんへん

1章 生活-1　ギフト

Life 1 / 生活 1 / Cuộc sống 1 / Gift / 礼物 / Quà tặng

贈 (18) おく-る　ゾウ　ソウ
プレゼントを贈る　贈り物
贈答品売り場
△寄贈する

渡 (12) わた-る　わた-す　ト
川を泳いで渡る　道路を渡る
花束を渡す　渡り鳥　渡航の手続き

配 (10) くば-る　ハイ
お菓子を配る　気を配る　配達する
問題用紙を配付する　心配する　宅配

届 (8) とど-く　とど-ける
手紙が届く　荷物を届ける
幼稚園に子どもを送り届ける　声が届く
△欠席届

招 (8) まね-く　ショウ
誕生パーティーに招く　手招きをする
結婚式に招待する　招待状をもらう
議会を招集する

券 (8) ケン
乗車券　入場券　定期券
10,000円分の商品券　旅券　証券会社

基本編　1章　生活-1

料理
りょうり

Cooking
料理
Nấu ăn

丼 (5)　どんぶり　どん

丼でごはんを食べる
どんぶり　　　　　た
天丼　カツ丼　うな丼
てんどん　　どん　　　どん

汁 (5)　しる　ジュウ

みそ汁　服にラーメンの汁がついた
　　しる　ふく　　　　　　しる
果汁100％
かじゅう

盛 (11)　もーる　さかーる　さかーん　セイ　ジョウ

茶わんにご飯を盛る　大盛り
ちゃ　　　　はん　も　　　おお も
燃え盛る炎　盛んに手を振る
も　さか ほのお　さか　て　ふ
スポーツが盛んな学校　盛大な結婚式
さか　　がっこう　せいだい　けっこんしき
はん盛している店
じょう　　　　みせ

混 (11)　まーじる　まーざる　まーぜる　こーむ　コン

米の中に麦が混じっている
こめ　なか　むぎ　ま
よく混ざるようにかきまわす
ま
小麦粉と卵を混ぜる　混んでいる電車
こむぎこ　たまご　ま　　　　　こ　　　　　でんしゃ
混雑　混乱
こんざつ　こんらん

溶 (13)　とーける　とーかす　とーく　ヨウ

塩が水に溶ける　氷が溶ける
しお　みず　と　　　こおり　と
バターを溶かす　絵具を溶く
と　　　　えのぐ　と
新しいクラスに溶けこむ　溶岩
あたら　　　　　　と　　　　　ようがん

含 (7)　ふくーむ　ふくーめる　ガン

口に水を含む
くち　みず　ふく
兄弟は私を含めて4人だ
きょうだい　わたし　ふく　　にん
牛乳にはカルシウムが含まれている
ぎゅうにゅう　　　　　　　　　　ふく
△含有量
がんゆうりょう

引っ越し
ひっこし

Move
搬家
Chuyển nhà

越 (12) こ-す こ-える エツ

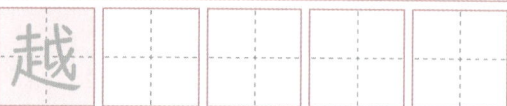

ボールが頭上を越す　国境を越える
　　　ず じょう こ　　こっきょう こ
年越しそば　引っ越しをする
とし こ　　　　ひ こ
前の車を追い越す　優越感を持つ
まえ くるま お こ　　ゆうえつかん　も

契 (9) ちぎ-る ケイ

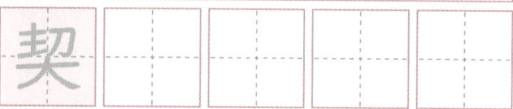

契約する　契約書にサインをする
けいやく　　けいやくしょ
進学を契機にテニス部に入った
しんがく けいき　　　　　ぶ はい
△契りを交わす
　ちぎ　　か

賃 (13) チン

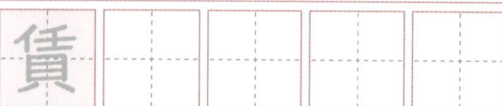

家賃を払う　バスの運賃が高い
や ちん はら　　　うんちん　たか
賃金を支払う　賃貸マンション
ちんぎん しはら　　ちんたい

仮 (6) かり カケ

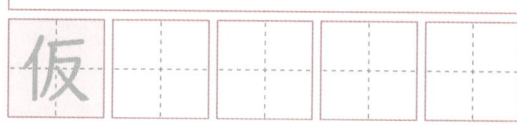

仮の住まい　仮免許　仮定する
かり す　　かりめんきょ　かてい
仮説をたてる　仮病
かせつ　　　　けびょう

証 (12) ショウ

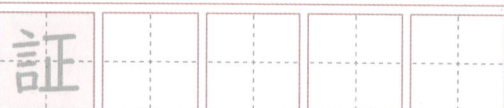

無実を証明する　裁判で証言する
むじつ しょうめい　　さいばん しょうげん
身分証明書　免許証　卒業証書　保証人
みぶんしょうめいしょ　めんきょしょう　そつぎょうしょうしょ　ほ しょうにん

域 (11) イキ

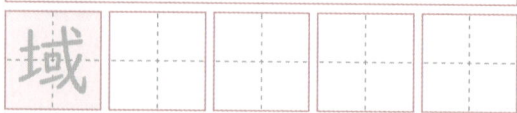

地域住民　立ち入り禁止区域
ちいきじゅうみん　た い きんしくいき
自国の領域　川の流域
じこく りょういき　かわ りゅういき

基本編　1章　生活−1

雑誌
ざっし

Magazine
杂志
Tạp chí

雑 (14) ザツ ゾウ
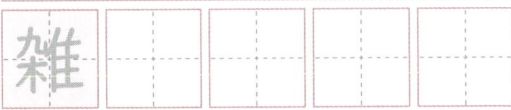

雑然（ざつぜん）　複雑な計算（ふくざつ　けいさん）　雑音（ざつおん）　雑談（ざつだん）
雑な仕事（ざつ　しごと）　雑巾（ぞうきん）
△雑煮（ぞうに）

誌 (14) シ
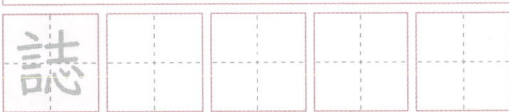

雑誌を読む（ざっし　よ）　ファッション誌（し）
日誌をつける（にっし）　文芸誌を発行する（ぶんげいし　はっこう）

刊 (5) カン
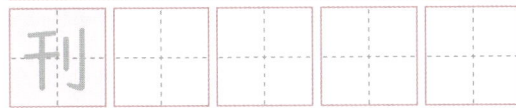

本が刊行される（ほん　かんこう）　朝刊（ちょうかん）　夕刊（ゆうかん）　日刊紙（にっかんし）
週刊誌（しゅうかんし）　創刊号（そうかんごう）

著 (11) あらわ−す いちじる−しい チョ
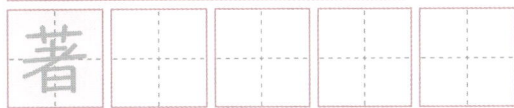

本を著す（ほん　あらわ）　著書（ちょしょ）　著者（ちょしゃ）　著作権（ちょさくけん）
著しい進歩（いちじる　しんぽ）　著名な作家（ちょめい　さっか）　著名人（ちょめいじん）
古典文学の名著（こてんぶんがく　めいちょ）

巻 (9) ま−く まき カン
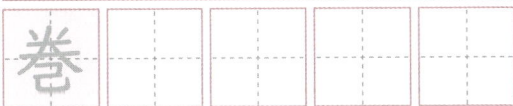

包帯を巻く（ほうたい　ま）　マフラーを巻く（ま）　のり巻き（ま）
上巻・下巻（じょうかん・げかん）　全巻（ぜんかん）　とらの巻（まき）

並 (8) なら−ぶ なら−べる なみ なら−びに ヘイ
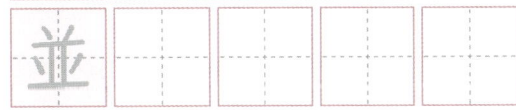

教室に机といすを並べる（きょうしつ　つくえ　なら）
並んでバスを待つ（なら　ま）　並行（へいこう）　直列と並列（ちょくれつ　へいれつ）
牛丼の並を食べる（ぎゅうどん　なみ　た）　並木道（なみきみち）
氏名並びに連絡先を記入してください（しめいなら　れんらくさき　きにゅう）

清掃
せいそう

Cleaning
清扫
Dọn dẹp vệ sinh

清 (11)
きよ－い　きよ－まる　きよ－める
セイ　ショウ

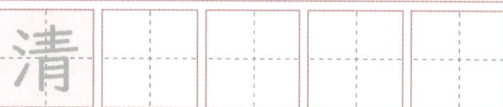

清い心　心が清まる　滝で心身を清める
きよ　こころ　こころ　きよ　たき　しんしん　きよ
論文の清書をする　清涼飲料水
ろんぶん　せいしょ　せいりょういんりょうすい
清潔なハンカチ
せいけつ
△六根清浄
ろっこんしょうじょう

掃 (11)
は－く
ソウ

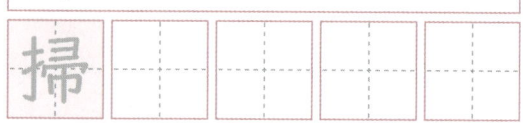

ほうきでごみを掃く　部屋を掃除する
は　へや　そうじ
掃除機をかける
そうじき
教室を隅々まできれいに清掃する
きょうしつ　すみずみ　せいそう
△暴力団を一掃する
ぼうりょくだん　いっそう

整 (16)
ととの－える　ととの－う
セイ

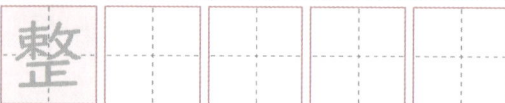

本棚をきれいに整える　整った顔立ち
ほんだな　ととの　ととの　かおだ
引き出しの中を整理する
ひ　だ　なか　せいり
部屋の温度を調整する
へや　おんど　ちょうせい

汚 (6)
よご－す　よご－れる　きたな－い
けが－す　けが－れる　けが－らわしい
オ

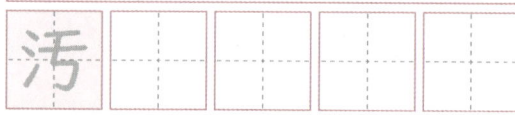

部屋を汚す　汚れた服を洗う　汚い手
へや　よご　よご　ふく　あら　きたな　て
汚水　汚せんされた川
おすい　お　かわ
△名前を汚す　△悪事を働いて心が汚れる
なまえ　けが　あくじ　はたら　こころ　けが
△聞くのも汚らわしい話
き　けが　はなし

庭 (10)
にわ
テイ

庭に花を植える　校庭
にわ　はな　う　こうてい
日本庭園　明るい家庭を築く
にほんていえん　あか　かてい　きず

居 (8)
い－る
キョ

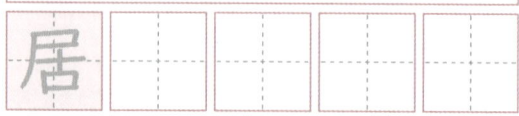

居間でテレビを見る　居留守を使う
いま　み　いるす　つか
居酒屋　住居　転居する
いざかや　じゅうきょ　てんきょ
親と同居する　居住地
おや　どうきょ　きょじゅうち

基本編　1章　生活-1

1章 復習
しょう　ふくしゅう

1. 漢字の読み方を書いてください。

① 土曜日の配達時間は午後1時から3時だ。　①
② 駅の窓口で定期券を買った。　②
③ 50周年を記念して盛大なパーティーが開かれた。　③
④ 毎週月曜日に週刊誌を買って読む。　④
⑤ 昨日、クラスメートと居酒屋でお酒を飲んだ。　⑤
⑥ 電車を待つときは2列に並んでお待ちください。　⑥
⑦ 結婚式の招待状をもらった。　⑦
⑧ 小学校の校庭でサッカーをした。　⑧
⑨ 今週の清掃当番は田中さんと山田さんです。　⑨
⑩ アパートの契約書にサインする。　⑩

2. 漢字を書いてください。

① 結婚祝いにしょうひんけんをもらった。　①
② 友人の誕生日パーティーにまねかれた。　②
③ 大学から受験票がとどいた。　③
④ 道路をわたるときは車に気をつけてください。　④
⑤ メッセージを書いたカードを一人ひとりにくばる。　⑤
⑥ てんどんとカツどんとどちらが好きですか。　⑥
⑦ この辺りは禁煙くいきに指定されている。　⑦
⑧ インターネットでざっしの最新号を読む。　⑧
⑨ 結婚のお祝いにペアカップをおくった。　⑨
⑩ 本がきれいにせいりされて並んでいる。　⑩

2章 町
まち
Town
城市
Phố, con phố

交通①
こうつう

Transportation 1
交通①
Giao thông ①

駐 (15) チュウ

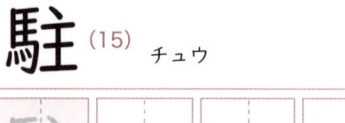

ロンドンに駐在する　駐車禁止
ちゅうざい　　　　ちゅうしゃきんし
駐日カナダ大使
ちゅうにち　　たいし

輪 (15) わ / リン

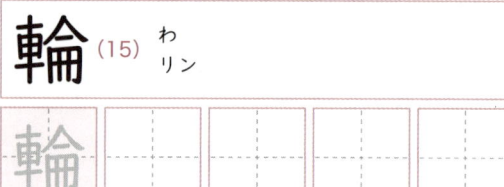

輪になる　指輪　花輪　犬の首輪　車輪
わ　　　　ゆびわ　はなわ　いぬ　くびわ　しゃりん
三輪車　駐輪　前輪と後輪　一輪の花
さんりんしゃ　ちゅうりん　ぜんりん　こうりん　いちりん　はな

港 (12) みなと / コウ

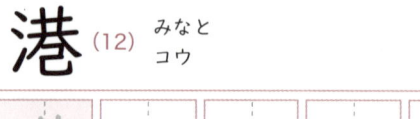

港に船が入る　神戸港　漁港
みなと　ふね　はい　こうべこう　ぎょこう
神戸を出港する　成田国際空港
こうべ　しゅっこう　なりたこくさいくうこう

到 (8) トウ

時間通りに到着する　目標に到達する
じかんどお　とうちゃく　もくひょう　とうたつ
予約が殺到する
よやく　さっとう
△用意周到
よういしゅうとう

途 (10) ト

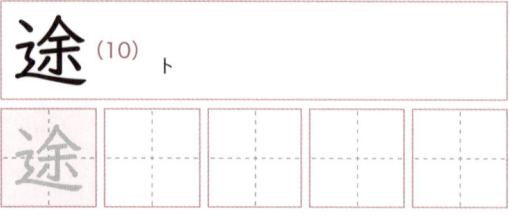

家へ帰る途中で友達に会った
いえ　かえ　とちゅう　ともだち　あ
発展途上国　中途半端　用途が広い
はってんとじょうこく　ちゅうとはんぱ　ようと　ひろ
途方にくれる
とほう
△前途多難
ぜんとたなん

過 (12) す-ぎる す-ごす / あやま-つ あやま-ち / カ

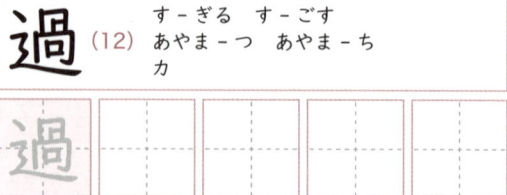

夏が過ぎる　楽しい時を過ごす
なつ　す　　たの　とき　す
過って相手にけがをさせる
あやま　あいて
過ちを犯す　通過　過去　過半数
あやま　おか　つうか　かこ　かはんすう

基本編　2章　町

交通②
こうつう

Transportation 2
交通②
Giao thông ②

符 (11)　フ

電車の切符　音符　正負の符号
でんしゃ　きっぷ　おんぷ　せいふ　ふごう

停 (11)　テイ

停車する　バスの停留所　各駅停車
ていしゃ　　　ていりゅうじょ　かくえきていしゃ
心臓が停止する　業務が停滞する　停学
しんぞう　ていし　ぎょうむ　ていたい　ていがく
停戦　停電
ていせん　ていでん

標 (15)　ヒョウ

目標を定める　標準　道路標識
もくひょう　さだ　ひょうじゅん　どうろひょうしき
化石の標本　交通安全の標語
かせき　ひょうほん　こうつうあんぜん　ひょうご
非難の標的となる
ひなん　ひょうてき

普 (12)　フ

インターネットが普及する
ふきゅう
普通は7時に起きる
ふつう　じ　お
今回のテストの出来は普通だった
こんかい　でき　ふつう
普通預金　普段着
ふつうよきん　ふだんぎ

刻 (8)　きざ-む　コク

ねぎを刻む　心に刻む　遅刻
きざ　こころ　きざ　ちこく
電車が到着する時刻　定刻　深刻な問題
でんしゃ　とうちゃく　じこく　ていこく　しんこく　もんだい

違 (13)　ちが-う　ちが-える　イ

習慣が違う　漢字が間違っている
しゅうかん　ちが　かんじ　まちが
意見の相違　違和感
いけん　そうい　いわかん
この服はえりだけ色が違えてある
ふく　いろ　ちが
道を間違える　交通違反　違法
みち　まちが　こうつういはん　いほう

産業
さんぎょう

Industry
产业
Ngành công nghiệp

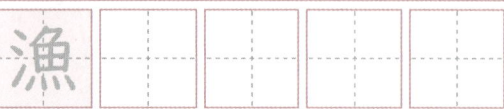

漁 (14) ギョ リョウ

漁業を営む　漁村　漁港　漁船
ぎょぎょう いとな　ぎょそん　ぎょこう　ぎょせん
漁をする　漁師　大漁
りょう　　りょうし　たいりょう

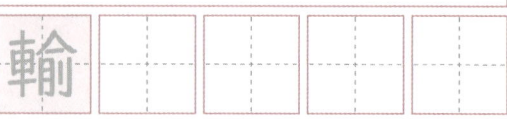

輸 (16) ユ

大型船で輸送する　石油を輸入する
おおがたせん　ゆそう　　せきゆ　ゆにゅう
輸出　空輸　輸血用の血液
ゆしゅつ　くうゆ　ゆけつよう　けつえき

製 (14) セイ

新製品を開発する　映画を製作する
しんせいひん　かいはつ　えいが　せいさく
イタリア製の靴　製造年月日
　　　　せい　くつ　せいぞうねんがっぴ
木製の家具　複製
もくせい　かぐ　ふくせい

郵 (11) ユウ

郵便局　郵便が届く　書類を郵送する
ゆうびんきょく　ゆうびん　とど　しょるい　ゆうそう

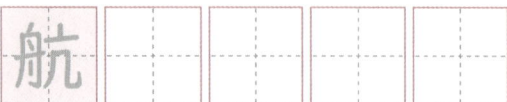

航 (10) コウ

航海する　航空機　航空便で送る　航路
こうかい　こうくうき　こうくうびん　おく　こうろ
嵐で欠航する　話し合いが難航する
あらし　けっこう　はな　あ　　なんこう

融 (16) ユウ

融解　氷の融点　融合
ゆうかい　こおり　ゆうてん　ゆうごう
融通がきかない人　金融機関
ゆうずう　　　　ひと　きんゆうきかん
銀行から融資を受ける
ぎんこう　ゆうし　う

基本編　2章　町

銀行①
ぎんこう

Bank 1
銀行①
Ngân hàng ①

戻 (7)　もど-る　もど-す　レイ

席に戻る　元に戻す　払い戻す　後戻り
せき もど　もと もど　はら もど　あともど
△保険の返戻金
ほけん へんれいきん

換 (12)　か-わる　か-える　カン

書き換わる　宝石を現金に換える
か か　ほうせき げんきん か
空気を入れ換える　換気する
くうき い か　かんき
意見を交換する　変換　気分転換
いけん こうかん　へんかん　きぶんてんかん

払 (5)　はら-う　フツ

お金を払う　前払い　支払い
かね はら　まえばら　しはら
△不信感を払拭する
ふしんかん ふっしょく

込 (5)　こ-む　こ-める

電車が込む　心を込める　税込み
でんしゃ こ　こころ こ　ぜいこ
荷物を詰め込む　考え込む
にもつ つ こ　かんが こ

両 (6)　リョウ

両方　両側　両手　両親
りょうほう　りょうがわ　りょうて　りょうしん
勉強と仕事を両立させる　車両
べんきょう しごと りょうりつ　しゃりょう

替 (12)　か-わる　か-える　タイ

隣と席を替わる　代替案を考える
となり せき か　だいたいあん かんが
円をドルに替える　両替
えん か　りょうがえ

銀行②
ぎんこう

Bank 2
銀行②
Ngân hàng ②

照 (13)　て-る　て-らす　て-れる　ショウ

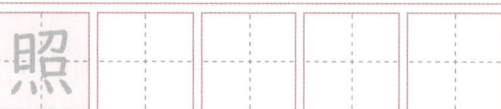

太陽が照っている　照明　日照時間
たいよう　て　　しょうめい　にっしょうじかん
法に照らす　残高照会　参照　対照
ほう　て　　ざんだかしょうかい　さんしょう　たいしょう
ほめられると照れる
　　　　　　て

預 (13)　あず-かる　あず-ける　ヨ

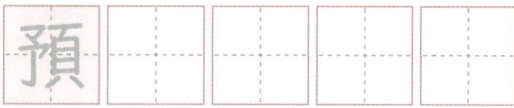

貴重品を預かる　荷物を預ける
きちょうひん　あず　　にもつ　あず
預金する　普通預金
よきん　　ふつうよきん

札 (5)　ふだ　サツ

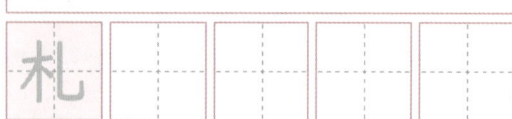

名札をつける　玄関の表札　千円札
なふだ　　げんかん　ひょうさつ　せんえんさつ
札束　駅の改札口
さつたば　えき　かいさつぐち

貨 (11)　カ

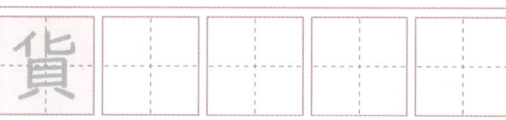

硬貨　通貨　外貨　金貨　貨物列車
こうか　つうか　がいか　きんか　かもつれっしゃ
雑貨　百貨店
ざっか　ひゃっかてん

帳 (11)　チョウ

手帳に予定を書く　銀行の通帳
てちょう　よてい　か　　ぎんこう　つうちょう
記帳する　帳簿をつける
きちょう　　ちょうぼ
借金を帳消しにする
しゃっきん　ちょうけ

振 (10)　ふ-る　ふ-れる　ふ-るう　シン

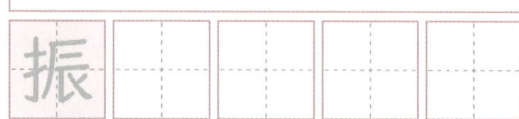

手を振る　針が振れる　振動　経営不振
て　ふ　　はり　ふ　　しんどう　けいえいふしん
腕を振るう　恋人に振られる　振り込み
うで　ふ　　こいびと　ふ　　ふ　こ
銀行振込　口座振替
ぎんこうふりこみ　こうざふりかえ

2章 復習

1. 漢字の読み方を書いてください。

① ラーメンに入れるねぎを刻む。　　①
② 大雨で電車の到着が遅れた。　　②
③ 彼は何度も過ちをくり返している。　　③
④ 電車の切符を窓口で買った。　　④
⑤ 子ども用に木製の机といすを買った。　　⑤
⑥ 各駅停車の電車で京都まで行く。　　⑥
⑦ 台風で全便欠航になった。　　⑦
⑧ 金融機関への規制が強化された。　　⑧
⑨ この部屋から船が港に入るのが見える。　　⑨
⑩ 気分転換にカラオケに行った。　　⑩

2. 漢字を書いてください。

① 誕生日プレゼントにゆびわをもらった。　　①
② 日本は原材料の多くを外国からゆにゅうしている。　　②
③ 銀行で円をドルにりょうがえする。　　③
④ このスーパーのちゅうしゃじょうは屋上にある。　　④
⑤ 簡単な問題なのにまちがえてしまった。　　⑤
⑥ インターネットがふきゅうして、生活が便利になった。　　⑥
⑦ 貴重品をフロントにあずけて出かけた。　　⑦
⑧ 家へ帰るとちゅうで友達に会った。　　⑧
⑨ 今年のもくひょうはN2に合格することだ。　　⑨
⑩ 忘れないようにてちょうに予定を書いている。　　⑩

1章・2章 アチーブメントテスト

【1】次の文の下線をつけた言葉の読み方を①〜④の中から選び、番号を書いてください。

1. 財布を忘れたのに気がついて、家に戻った。
   ①かえった　　②もどった　　③よった　　④いった

2. 台風で海が荒れて、漁に出られない。
   ①ぎょう　　②ゆう　　③りょう　　④りゅう

3. 皿に料理をきれいに盛りつける。
   ①もりつける　　②さかりつける　　③のりつける　　④せいりつける

4. 新しいアパートを借りるため、契約書にサインした。
   ①けえやく　　②けいやく　　③きつやく　　④けんやく

5. ビルの清掃のアルバイトをしている。
   ①そうじ　　②しょうそう　　③せいじ　　④せいそう

1.	2.	3.	4.	5.

【2】次の文の下線をつけた言葉の漢字を①〜④の中から選び、番号を書いてください。

1. 日本は石油などの原料を、外国からゆにゅうしている。
   ①輸入　　②輪入　　③転入　　④軒入

2. クラスメートに旅行のおみやげをくばった。
   ①送った　　②給った　　③渡った　　④配った

3. ファッションざっしにのっていた洋服を買いに行った。
   ①雑書　　②雑誌　　③雑紙　　④雑詩

4. 新幹線が東京駅に5分遅れてとうちゃくした。
   ①当着　　②倒着　　③投着　　④到着

5. 部屋の空気をいれかえるために、窓を開けた。
   ①入れ換える　　②入れ変える　　③入れ替える　　④入れ返る

1.	2.	3.	4.	5.

1章・2章　アチーブメントテスト

【3】①〜⑳の下線部の漢字または読み方を書いてください。

デパートからバーゲンの①招待状が②とどいた。受付で招待券を③わたすと、プレゼントがもらえる。デパートに行ってみると買い物客でとても④こんざつしていた。友達の結婚祝いに、有名な食器ブランドの⑤丼を⑥贈ることにした。

銀行に⑦ならばなくても、インターネットでいろいろなことができる。他の口座への⑧振り込み、⑨よきんの⑩残高照会ができるのはもちろん、パソコンやスマホで取引明細が確認できるので、⑪通帳に⑫記帳したり、紛失を心配したりする必要がなくなった。ただ、その分、銀行で⑬りょうがえするときは手数料がとられるようになった。

最近、親と⑭どうきょするため⑮にわがある家に⑯ひっこした。駅から遠くなったので、自転車で通うことにした。駅へ行く⑰とちゅうの道は桜⑱並木があり花見をしながら通える。駅の近くは⑲駐輪禁止の⑳区域が多いので、駐輪場に止めている。

①	②	③	④
⑤	⑥	⑦	⑧
⑨	⑩	⑪	⑫
⑬	⑭	⑮	⑯
⑰	⑱	⑲	⑳

1章・2章 クイズ

【1】言葉を消していくと、最後に残る漢字は何でしょう。

駐	指	輪	優	発	心
車	漁	港	越	展	配
禁	清	並	感	途	乗
止	掃	列	庭	上	車
流	著	名	人	国	券
域	週	刊	誌	汚	水

【2】□□□から漢字を選んで言葉を完成させてください。また、〔　　〕に読み方も書いてください。

1. 家族の反対を押し切って結婚したのだから、もう後□りはできない。〔　　〕
2. このパソコンは税□みで十万円だ。〔　　〕
3. 普通□金の口座を開く。〔　　〕
4. レポートを書くのに、この本を参□してください。〔　　〕
5. 手□に今週の予定を書く。〔　　〕
6. 経営不□でその会社は社長が交□した。〔　　〕〔　　〕
7. 2位の選手が1位の選手を追い□した。〔　　〕
8. 仕事のあとで飲む□酒屋のビールは最高だ。〔　　〕

替	戻	込	帳	越	居	含	照	振	預

1章・2章　クイズ

【3】（　　）の中にカタカナの読み方をする漢字を書いてください。

1. コウ　①時間どおり空（　　）に着陸した。
　　　　②台風で飛行機が欠（　　）になった。

2. カン　①夕（　　）を駅の売店で買った。
　　　　②このマンガは全（　　）で30冊もある。
　　　　③ひらがなを漢字に変（　　）する。

3. ユウ　①（　　）便局で切手を買った。
　　　　②店を開店するため、銀行から（　　）資を受けた。

4. セイ　①その会社のパーティーは有名人も多く、（　　）大だった。
　　　　②作文の（　　）書をする。
　　　　③この絵は本物に見えるが、実は複（　　）だ。
　　　　④もう少し机の上を（　　）理してください。

5. ト　　①（　　）航の手続きのため、大使館へ行った。
　　　　②学校へ行く（　　）中で昔の恋人に会った。

6. ショウ　①議会を（　　）集するため、関係者にメールを出した。
　　　　　②家を借りるために保（　　）人にサインしてもらった。

7. カ　　①（　　）説を立てて検証し、解決策を探し出す。
　　　　②電車が駅を通（　　）した。

【4】例のように間違っている漢字に下線を引いて、（　　）に正しい漢字を書いてください。

例）いろいろな道具を使って、絵をかきます。　　　　（　具　）

1. 休みの日は帰除をします。　　　　　　　　　　　　（　　）
2. アイスクリームが容けないうちに早く召し上がってください。（　　）
3. 朝の電車はいつも昆雑している。　　　　　　　　　（　　）
4. 毎月ファッション雑志を三冊買う。　　　　　　　　（　　）
5. 運動会の最後に輸になって踊った。　　　　　　　　（　　）
6. 目票を決めて勉強する。　　　　　　　　　　　　　（　　）
7. わたしの父は魚師だ。　　　　　　　　　　　　　　（　　）

3章 文化 (ぶんか)

文化① Culture 1 / 文化① / Văn hóa ①

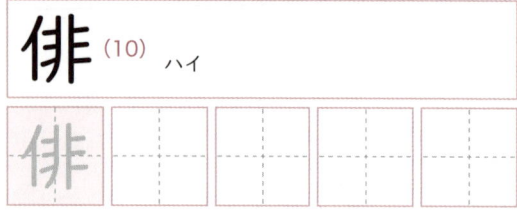

俳 (10) ハイ

俳優 小林一茶は江戸時代の俳人である
はいゆう こばやしいっさ えどじだい はいじん

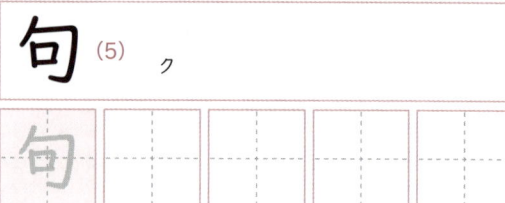

句 (5) ク

俳句 句読点を打つ 文句
はいく くとうてん う もんく
禁句 慣用句を覚える
きんく かんようく おぼ

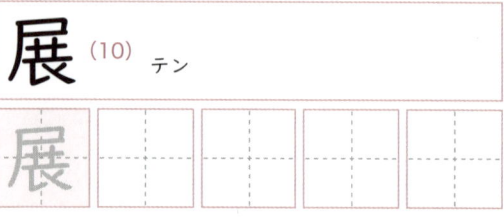

展 (10) テン

作品を展示する 絵画展 町が発展する
さくひん てんじ かいがてん まち はってん
話の展開 捜査が進展する
はなし てんかい そうさ しんてん

覧 (17) ラン

展覧会を催す 万国博覧会 ご覧になる
てんらんかい もよお ばんこくはくらんかい らん
観覧車 資料を回覧する 一覧
かんらんしゃ しりょう かいらん いちらん

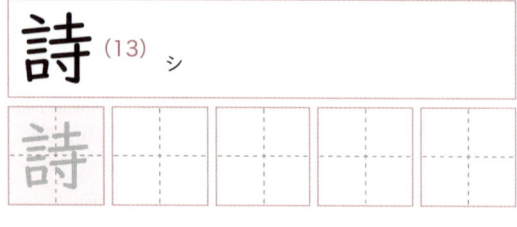

詩 (13) シ

詩を作る 詩人 詩集 漢詩
し つく しじん ししゅう かんし
△詩歌
しか/しいか

詞 (12) シ

名詞 動詞 作詞家 英語の歌詞
めいし どうし さくしか えいご かし

基本編　3章　文化

文化②
ぶんか

Culture 2
文化②
Văn hóa ②

劇 (15) ゲキ

劇場で演劇を見る　時代劇　人形劇
げきじょう えんげき み　じだいげき　にんぎょうげき
劇団員　悲劇
げきだんいん　ひげき

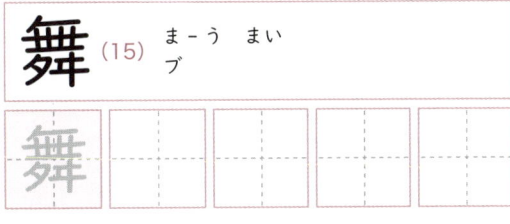

舞 (15) まーう まい
　　　　 ブ

花びらが風に舞う　友人を見舞う
はな　　かぜ　ま　　ゆうじん　みま
お見舞い　舞台に立つ　歌舞伎
みま　　ぶたい　た　　かぶき
△舞妓
まいこ

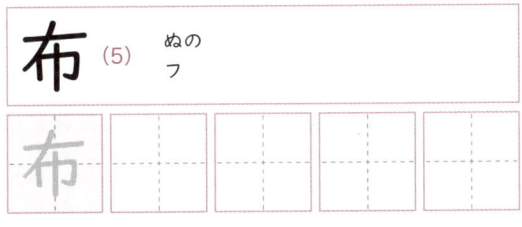

布 (5) ぬの
　　　　 フ

はさみで布を切る　毛布　布団
ぬの き　　もうふ　ふとん
ビラを配布する　薬を散布する
はいふ　　くすり さんぷ

堂 (11) ドウ

食堂　寺の本堂　講堂で卒業式を行う
しょくどう てら ほんどう　こうどう そつぎょうしき おこな
国会議事堂　堂々とした態度
こっかいぎじどう　どうどう　　たいど

宗 (8) シュウ ソウ

宗教を信仰する　宗派　改宗する
しゅうきょう しんこう　しゅうは　かいしゅう
△茶道の宗家
さどう そうけ

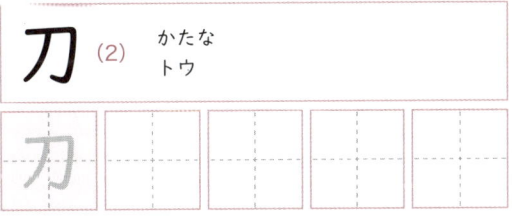

刀 (2) かたな
　　　　 トウ

腰に刀を差した武士　日本刀　木刀
こし かたな さ　　ぶし　にほんとう　ぼくとう
単刀直入に聞く
たんとうちょくにゅう き

37

ファッション ①

Fashion 1
时尚①
Thời trang ①

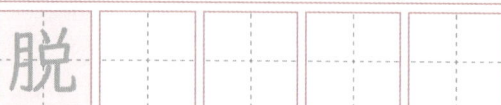
脱 (11)　ぬ-げる　ぬ-ぐ
　　　　ダツ

靴が脱げる　服を脱ぐ　脱衣所　脱出
脱退　危機を脱する　話が脱線する
脱税

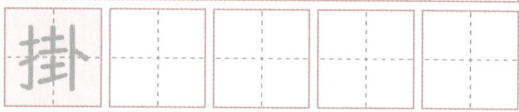
掛 (11)　か-かる　か-ける　かかり

壁に絵が掛かっている
コートをハンガーに掛ける　掛け算
気掛かりなこと
△掛員

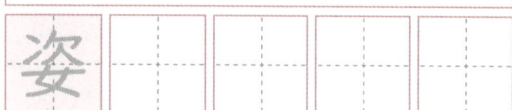
姿 (9)　すがた
　　　　シ

後ろ姿が美しい女性　着物姿
将来の日本の姿を考える　容姿

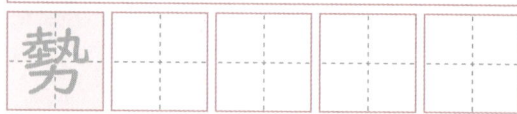
勢 (13)　いきお-い
　　　　セイ

犬が勢いよく飛びかかってきた
チームに勢いがある　国際情勢　姿勢
台風の勢力　大勢の人

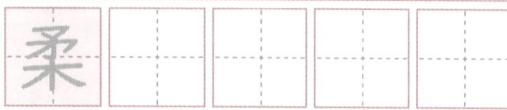
柔 (9)　やわ-らか　やわ-らかい
　　　　ジュウ　ニュウ

柔らかなベッド　体が柔らかい　柔道
優柔不断
△柔和な性格の人

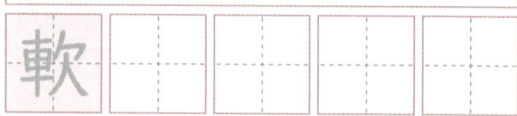
軟 (11)　やわ-らか　やわ-らかい
　　　　ナン

大根を軟らかく煮る　軟らかいご飯
作りたてのもちは軟らかだ
柔軟に対応する　柔軟剤
態度が軟化する　軟弱な態度

基本編　3章　文化

様子を表す言葉①

Words Describing Situations 1
表现状态的词语①
Từ chỉ trạng thái ①

固 (8) かた-まる　かた-める　かた-い / コ

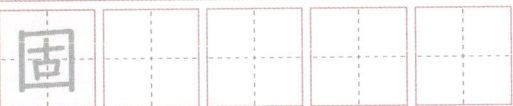

コンクリートが固まる　方針を固める
頭が固い　固体　固定する　固有の文化

純 (10) ジュン

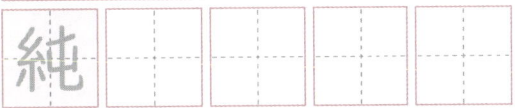

純情な人　純すいな心　単純な問題

快 (7) こころよ-い / カイ

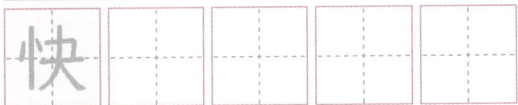

快い返事　快く引き受ける
快適な部屋　快気祝い

甘 (5) あま-える　あま-やかす　あま-い / カン

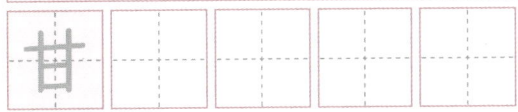

親に甘える　子どもを甘やかす
甘いみかん　自分に甘い性格
人生は甘くない　甘酒　甘味料

濃 (16) こ-い / ノウ

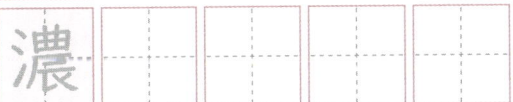

スープの味が濃い　濃いピンク
化粧が濃い　濃厚な味わいの牛乳
容疑が濃厚になる

薄 (16) うす-める　うす-まる　うす-らぐ　うす-れる　うす-い / ハク

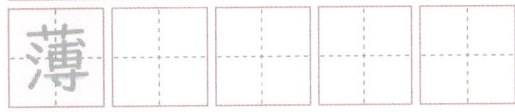

水で味を薄める　味が薄まる
痛みが薄らぐ　記憶が薄れる　色が薄い
薄い紙　薄型テレビ　薄情な人

歴史

History
历史
Lịch sử

宝 (8)
たから
ホウ

宝物（たからもの）　子宝に恵まれる（こだから めぐ）　宝くじ（たから）　国宝（こくほう）
宝石（ほうせき）　先祖代々の家宝（せんぞだいだい かほう）

城 (9)
しろ
ジョウ

城を築く（しろ きず）　大阪城（おおさかじょう）　城壁（じょうへき）　城下町（じょうかまち）

栄 (9)
さか－える　は－える　は－え
エイ

文明が栄える（ぶんめい さか）　子孫がはん栄する（しそん えい）
栄えある優勝（は ゆうしょう）　見事な出来栄え（みごと でき ば）　栄養（えいよう）
過去の栄光（かこ えいこう）　光栄に思う（こうえい おも）
△彼女の演技は栄えて見えた（かのじょ えんぎ は み）

蔵 (15)
くら
ゾウ

庭に蔵がある（にわ くら）　米を貯蔵する（こめ ちょぞう）　冷蔵庫（れいぞうこ）
図書館の蔵書（としょかん ぞうしょ）

昭 (9)
ショウ

明治・大正・昭和・平成・令和（めいじ たいしょう しょうわ へいせい れいわ）
昭和60年生まれ（しょうわ ねん う）

士 (3)
シ

江戸時代の武士（えどじだい ぶし）　栄養士（えいようし）　建築士（けんちくし）
介護士（かいごし）

3章 復習

1. 漢字の読み方を書いてください。

① 小林一茶の有名な俳句を知っていますか。
② お手元の資料をご覧ください。
③ ここにコートを掛けてください。
④ 彼女は何事も柔軟に対応できる人だ。
⑤ あの図書館の蔵書数は、都内で一番だ。
⑥ コンクール入賞作品はどれも見事な出来栄えだった。
⑦ 母の誕生日に宝石をプレゼントした。
⑧ 祖母は毎日時代劇を見るのを楽しみにしている。
⑨ 山田さんは快く司会を引き受けてくれた。
⑩ ボーナスをもらったので、最新の薄型テレビを買った。

2. 漢字を書いてください。

① たんじゅんな問題で10分も考えてしまった。
② しせいが悪いと、目も悪くなるので気をつけてください。
③ ぬののバッグは軽くて使いやすい。
④ 学校の校歌のさくしを担当することになった。
⑤ 彼はとても頭がかたい人なので、他の人の意見を聞かない。
⑥ あの店の料理は若者向きで、私には味がこく感じる。
⑦ 現在の日本の大都市は、昔じょうかまちだった。
⑧ この町の交通は10年間で急速にはってんした。
⑨ 部屋の中ではコートをぬいでください。
⑩ 友達が入院したので、おみまいに行った。

4章 健康-1

けんこう

健康
けんこう

Health
健康
Sức khỏe

Health 1
健康 1
Sức khỏe 1

健 (11) すこーやか / ケン

健やかに育つ（すこ／そだ）　健やかな成長を願う（すこ／せいちょう／ねが）
保健室（ほけんしつ）　健在（けんざい）　健全な考え（けんぜん／かんが）

康 (11) コウ

健康に気をつける（けんこう／き）　健康的な生活を送る（けんこうてき／せいかつ／おく）
健康保険（けんこうほけん）　健康美（けんこうび）

診 (12) みーる / シン

医者に診てもらう（いしゃ／み）　健康診断（けんこうしんだん）　定期健診（ていきけんしん）
初診（しょしん）　休診（きゅうしん）　意向を打診する（いこう／だしん）

療 (17) リョウ

診療時間を調べる（しんりょうじかん／しら）　治療（ちりょう）　療養中（りょうようちゅう）
医療保険制度（いりょうほけんせいど）　医療機器（いりょうき）

命 (8) いのち / メイ　ミョウ

命を授かる（いのち／さず）　命を落とす（いのち／お）　生命（せいめい）　命名（めいめい）
運命（うんめい）　的に命中する（まと／めいちゅう）　命令（めいれい）　命日（めいにち）
△寿命（じゅみょう）

異 (11) こと / イ

異なる考え（こと／かんが）　体に異変を感じる（からだ／いへん／かん）
異常気象（いじょうきしょう）　異国の地（いこく／ち）　異性（いせい）　体の異状（からだ／いじょう）
△考えを異にする（かんが／こと）

基本編　4章　健康-1

体①
からだ

Body 1
身体①
Cơ thể ①

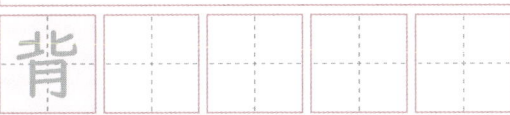

背 (9)　せ　せい　そむ-く　そむ-ける
　　　　ハイ

背中　背を向ける　背が伸びる
せなか　せ　む　　せ　の
本の背表紙　背比べ　命令に背く
ほん　せびょうし　せくら　めいれい　そむ
顔を背ける　背後　背景
かお　そむ　　はいご　はいけい

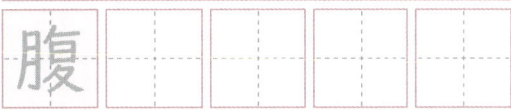

腹 (13)　はら
　　　　フク

腹が痛い　腹を決める　腹を割って話す
はら　いた　　はら　き　　　はら　わ　　はな
腹が立つ　太っ腹　空腹をおぼえる
はら　た　　ふと　ばら　くうふく
満腹
まんぷく
△山腹
さんぷく

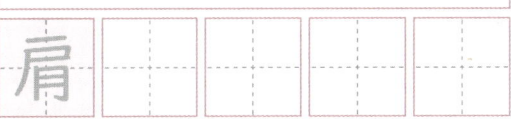

肩 (8)　かた
　　　　ケン

肩がこる　肩幅が広い　肩の荷が下りる
かた　　　かたはば　ひろ　　かた　に　　お
肩書き　肩を並べる　肩入れする
かたが　　かた　なら　　かたい
△肩こう骨
けん　　こつ

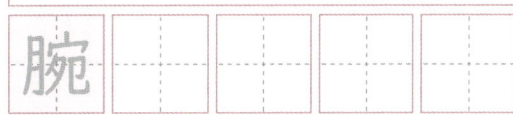

腕 (12)　うで
　　　　ワン

腕時計　腕組みをする　腕ずもう
うでどけい　うでぐ　　　　うで
腕がいい　腕前をみせる　腕試し　腕力
うで　　　うでまえ　　　うでだめ　わんりょく
腕白な子ども
わんぱく　こ

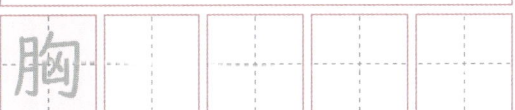

胸 (10)　むね　むな
　　　　キョウ

胸を反らす　胸がどきどきする
むね　そ　　　むね
胸を打つ　胸焼けがする　胸が痛む
むね　う　　むねや　　　　むね　いた
胸騒ぎ　胸囲を測る　度胸がある
むなさわ　きょうい　はか　どきょう

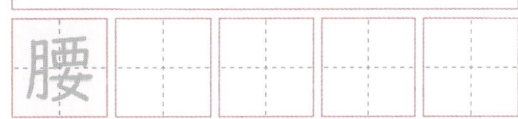

腰 (13)　こし
　　　　ヨウ

腰を曲げる　腰が抜ける　話の腰を折る
こし　ま　　　こし　ぬ　　　はなし　こし　お
腰が低い　けんか腰　腰痛
こし　ひく　　　　ごし　ようつう

体②
かられ

Body 2
身体②
Cơ thể ②

脳 (11) ノウ

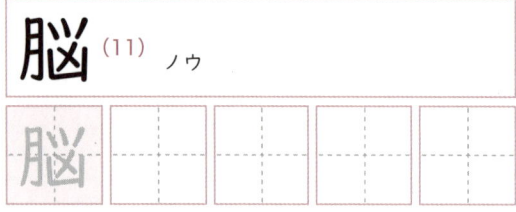

脳の働き　脳科学
のう はたら　のうかがく
脳裏に刻む　洗脳　首脳会談
のうり きざ　せんのう　しゅのうかいだん

臓 (19) ゾウ

内臓　心臓　臓器移植
ないぞう　しんぞう　ぞうきいしょく

胃 (9) イ

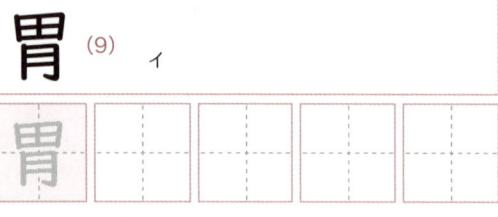

胃の検査　胃痛がひどい　胃腸薬　胃袋
いのけんさ　いつう　いちょうやく　いぶくろ
胃炎　胃がん
いえん　いがん

筋 (12) すじ / キン

足の筋を傷める　背筋を伸ばす　血筋
あしのすじ いた　せすじ の　ちすじ
筋道を立てて話す　腹筋
すじみち た　はな　ふっきん
筋肉をきたえる　鉄筋
きんにく　てっきん

骨 (10) ほね / コツ

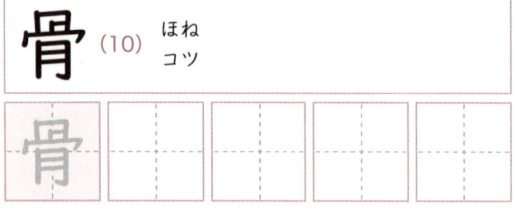

魚の骨を取る　背骨　骨の折れる仕事
さかな ほね と　せぼね　ほね お　しごと
足を骨折する　接骨院
あし こっせつ　せっこついん

節 (13) ふし / セツ　セチ

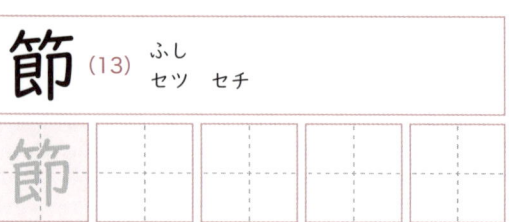

竹の節　関節が痛い　人生の節目　季節
たけ ふし　かんせつ いた　じんせい ふしめ　きせつ
節分　節約　温度調節　お節
せつぶん　せつやく　おんどちょうせつ　せち
お節介をやく
せっかい

基本編　4章　健康 − 1

症状
しょうじょう

Symptom
症状
Triệu chứng

症 (10)　ショウ

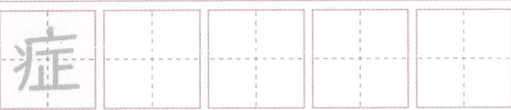

重症　軽症　炎症を起こす
じゅうしょう　けいしょう　えんしょう　お
自覚症状　不眠症
じかくしょうじょう　ふみんしょう

状 (7)　ジョウ

かぜの症状がある　命に別状はない
しょうじょう　いのち　べつじょう
賞状　贈り物の礼状を出す　形状
しょうじょう　おく　もの　れいじょう　だ　けいじょう
白状する
はくじょう

因 (6)　よ−る　イン

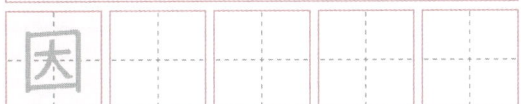

地震に因る被害　病気の原因
じしん　よ　ひがい　びょうき　げんいん
トラブルの要因　死因　因果関係
よういん　しいん　いんがかんけい

況 (8)　キョウ

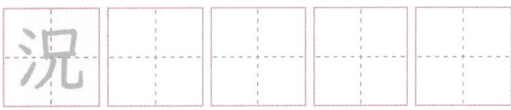

状況が一変する　近況を報告する
じょうきょう　いっぺん　きんきょう　ほうこく
スポーツの実況中けい　不況
じっきょうちゅう　ふきょう

態 (14)　タイ

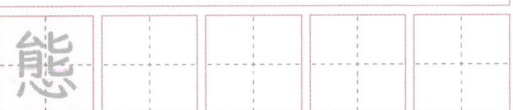

健康状態　態度が悪い　緊急事態
けんこうじょうたい　たいど　わる　きんきゅうじたい
容態が急変する　植物の生態調査
ようたい　きゅうへん　しょくぶつ　せいたいちょうさ
受け入れ態勢を整える
う　い　たいせい　ととの

圧 (5)　アツ

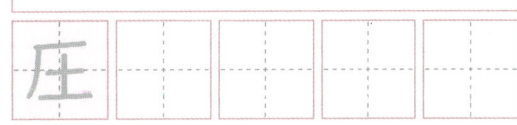

血圧を測る　低血圧　高気圧　変圧器
けつあつ　はか　ていけつあつ　こうきあつ　へんあつき
圧力をかける　圧倒的な強さ　圧勝
あつりょく　あっとうてき　つよ　あっしょう

治療
ちりょう

Treatment
治疗
Điều trị

傷 (13)
いた-む　いた-める　きず
ショウ

腕に傷がある　果物が傷む
うで　きず　　くだもの　いた
大雪で屋根を傷める　負傷する
おおゆき　やね　いた　　ふしょう
重傷　傷害事件　他人を中傷する
じゅうしょう　しょうがいじけん　たにん　ちゅうしょう

処 (5)
ショ

応急処置をとる　薬を処方する
おうきゅうしょち　　くすり　しょほう
古い家具を処分する　苦情を処理する
ふる　かぐ　しょぶん　　くじょう　しょり
対処
たいしょ

触 (13)
さわ-る　ふ-れる
ショク

医者がおなかに触る　隣の人と肩が触れる
いしゃ　　さわ　　となり　ひと　かた　ふ
日本文化に触れる　目に触れる　感触
にほんぶんか　ふ　　め　ふ　　かんしょく
触覚
しょっかく

針 (10)
はり
シン

針と糸　時計の針が止まる　注射針
はり　いと　とけい　はり　と　　ちゅうしゃばり
針金　長針と短針　方針　指針
はりがね　ちょうしん　たんしん　ほうしん　ししん

抜 (7)
ぬ-ける　ぬ-かる
ぬ-く　ぬ-かす
バツ

空気が抜ける　針を抜く　手を抜く
くうき　ぬ　　はり　ぬ　　て　ぬ
抜き打ちテスト　腰を抜かす
ぬ　う　　　こし　ぬ
運動神経が抜群だ
うんどうしんけい　ばつぐん
抜かりなく手術を進める
ぬ　　　しゅじゅつ　すす

皮 (5)
かわ
ヒ

手の皮がむける　動物の毛皮　脱皮
て　かわ　　どうぶつ　けがわ　だっぴ
皮ふ科　皮肉を言う
ひ　か　ひにく　い

基本編　4章　健康-1

4章 復習

1. 漢字の読み方を書いてください。

① 先生との出会いは人生の節目となる出来事だった。　①
② 身体検査で胸囲を測る。　②
③ 入学祝いに両親から腕時計をもらった。　③
④ 朝から何も食べていないので空腹だ。　④
⑤ 日課として腹筋を50回している。　⑤
⑥ 抜群の成績で卒業する。　⑥
⑦ 友人に手紙で近況を伝えた。　⑦
⑧ 文化や習慣は国によって異なる。　⑧
⑨ 祖父母はかなり高齢になったが今も健在だ。　⑨
⑩ 今回の地震に因る被害総額は100億円だった。　⑩

2. 漢字を書いてください。

① けんこうのために毎日の運動は欠かさない。　①
② 彼は医者と作家、二つのかたがきを持っている。　②
③ ゴリラのせいたいを観察する。　③
④ 子どものころ、よく友達とせい比べをしたものだ。　④
⑤ 将来を考えて、せいめいほけんに加入する。　⑤
⑥ すじみちを立てて考え、説明する能力を養う。　⑥
⑦ 昨晩からかぜのしょうじょうがでている。　⑦
⑧ 病院のしんりょう時間を調べる。　⑧
⑨ おどろいて腰をぬかしてしまった。　⑨
⑩ 病院でおうきゅうしょちを受ける。　⑩

47

3章・4章 アチーブメントテスト

【1】次の文の下線をつけた言葉の読み方を①～④の中から選び、番号を書いてください。

1. 電車が混んでいて、隣の人と肩が<u>触れて</u>しまった。
    ①さわれて　　②いれて　　③ふれて　　④すれて

2. 彼は<u>柔和</u>な性格で、怒ったところを見たことがない。
    ①じゅうわな　②にゅうわな　③そうわな　④おんわな

3. エジプト文明はナイル川流域で<u>栄えた</u>。
    ①さかえた　　②めばえた　　③たたえた　　④かかえた

4. 上司の指示に<u>背いて</u>、勝手に契約をした。
    ①はいて　　②せむいて　　③そいて　　④そむいて

5. 今日は祖母の<u>命日</u>なので、はか参りをした。
    ①みょうにち　②めいじつ　③めいにち　④みょうじつ

1.	2.	3.	4.	5.

【2】次の文の下線をつけた言葉の漢字を①～④の中から選び、番号を書いてください。

1. 先週買ったバナナが<u>いたん</u>でしまい、食べられない。
    ①傷んで　　②痛んで　　③汚んで　　④触んで

2. 急に寒くなってきたので、押し入れから<u>もうふ</u>を出した。
    ①毛袋　　②毛皮　　③毛柔　　④毛布

3. この曲は若者が共感できる<u>かし</u>で、人気がある。
    ①歌誌　　②歌詞　　③歌詩　　④歌資

4. チームに<u>いきおい</u>があるので、優勝できるはずだ。
    ①勢い　　②姿い　　③態い　　④舞い

5. 小学生のとき、社会科見学として国会<u>ぎじどう</u>へ行った。
    ①議事宝　　②議事室　　③議事堂　　④議事居

1.	2.	3.	4.	5.

3章・4章　アチーブメントテスト

【3】①〜⑳の下線部の漢字または読み方を書いてください。

4月1日（水）

東京の国立①劇場のロビーで開かれている「江戸歴史②展覧会」へ行った。展覧会では当時の③武士や農民の生活の様子や、人々の生活を支えた④宗教などに関する展示物を見ることができた。昔は食りょうが⑤くらなどで保管されていたことも知った。一番奥の特別室は土足厳禁で、靴を⑥ぬいで入らなければならなかった。特別室は、壁にたくさんの有名な絵が⑦掛かっていたり、中央に将軍家の⑧家宝が飾られたりしていて、多くの人が集まっていた。

5月12日（火）

家に帰ってまずTシャツと短パンに着替えて、DVDを見ながら⑨じゅうなん体そうをするのが私の日課だ。⑩けんこうのために、日ごろから良い⑪しせいを保つことを心がけている。また、毎日野菜のスープも飲んでいる。野菜には⑫甘みがあるので、調味料は塩だけだ。味付けは⑬薄めにしているが、今日作ったのは少し⑭こかった。

7月3日（金）

最近、急に⑮いが痛くなることがあるので、⑯げんいんを調べるために病院へ行った。まず⑰けつあつを測って、採血をした。⑱針を⑲抜くときが一番痛かった。薬を3日分⑳しょほうされた。

①	②	③　ぶ	④
⑤	⑥	⑦	⑧
⑨	⑩	⑪	⑫
⑬	⑭	⑮	⑯
⑰	⑱	⑲	⑳

3章・4章 クイズ

【1】絵を見て体の部分の名前を□に書いてください。

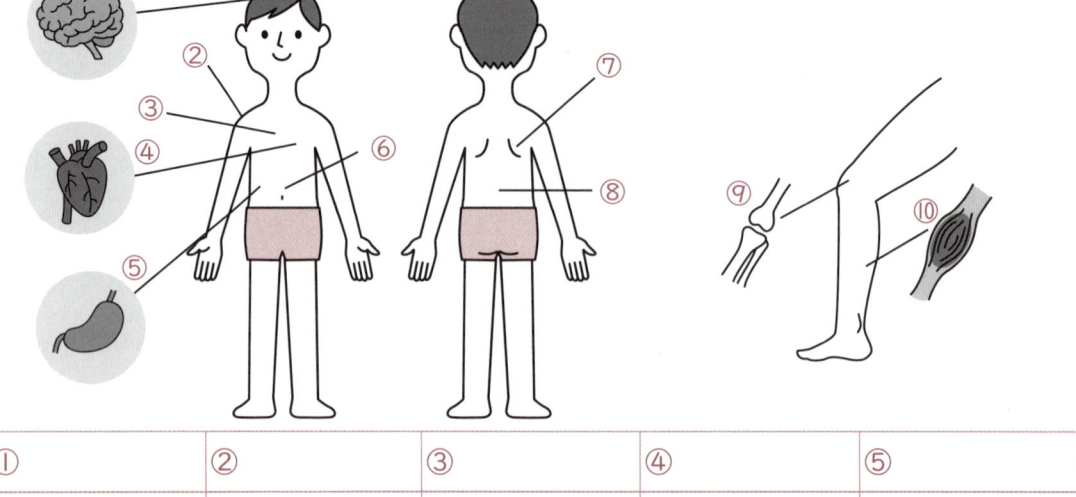

| ① | ② | ③ | ④ | ⑤ |
| ⑥ | ⑦ | ⑧ | ⑨ 関 | ⑩ 肉 |

【2】次の文の（　）に体に関係する漢字を入れてください。

1. 毎晩夕食を作っているので、料理の（　　　）が上がった。
2. 彼は短気なので、すぐ（　　　）を立てる。
3. 話に割り込んで、話の（　　　）を折ってしまった。
4. あの夫婦は（　　　）を並べて、仲良さそうに歩いている。
5. このプロジェクトは（　　　）の折れる仕事だったが、無事に終わった。

【3】□の中にあてはまる漢字を□の中から選んで書いてください。

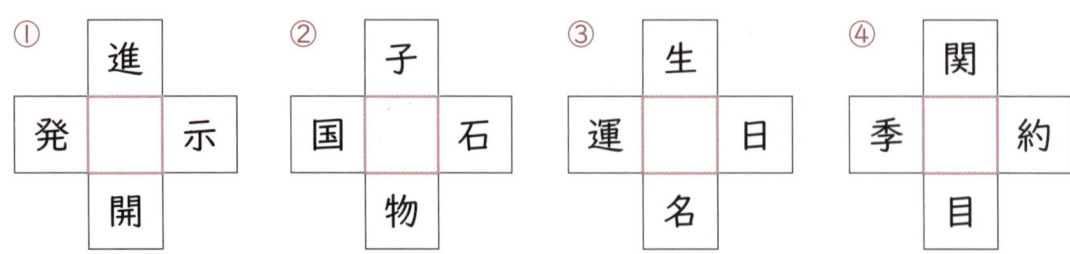

栄　姿　節　蔵　展　宝　命

3章・4章　クイズ

【4】日本の文化や芸術に関する問題を読んで、答えを漢字で書いてください。

日本の文化検定にチャレンジ！

1. 五・七・五で表現される日本の詩を何というか。
2. 日本の伝統芸能の一つで、音楽や舞踊（おどり）と一体になった演劇とは何か。
3. 現在も大阪にあり、桜の名所にもなっている城は何というか。
4. 明治→大正→ ☐ →平成→令和　☐ に入るものは何か。
5. 武士が戦うために腰に差していたものとは何か。
6. 豆をまいて鬼を追い払う2月の初めに行われる日本の行事とは何か。

1. ＿句	2. ＿伎	3. ＿阪	4. ＿和	5. ＿	6. ＿分

全問正解…知識は十分！？あとは実際に見に行ったり体験したりしてみよう。
4〜5問正解…あと少し！次は間違えないように復習しておこう。
2〜3問正解…知らないことがまだまだたくさん。日本の文化にもっと触れてみよう。
0〜1問正解…漢字の勉強と一緒に文化も色々学んでいこう。

【5】＿＿＿＿の言葉の漢字や読み方を書いてください。

小林一茶

小林一茶は江戸時代の有名な俳人である。「小林一茶記念館」には様々な資料が①（　　）。二〇二一年には開館五十年というふしめを迎えたそうだ。館内の資料の中には、②（　　）てんじされている。③（　　）五十年というふしめを迎えたそうだ。館内の資料の中には、④（　　）こくほうに指定されているものもあり、傷まないようにケースに⑤（　　）保管されている。

その中の一つ、「日の暮れの⑦（　　）背中淋しき 紅葉なり」という俳句では、日が暮れてきれいな紅葉が見えなくなるという切なさをうたっている。⑧（　　）品にもふれてみてはいかがだろうか。興味があれば他の作

一茶は二万句以上をよんだと言われている。⑥（　　）一茶は

51

5章 仕事
しごと
Business
工作
Công việc

ビジネスマン①
Business Person 1
商人①
Doanh nhân ①

忙 (6) いそが-しい / ボウ
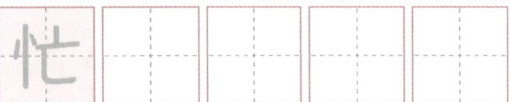
毎日仕事で忙しい　業務に忙殺される
多忙な毎日
お忙しいところすみません

疲 (10) つか-れる / ヒ
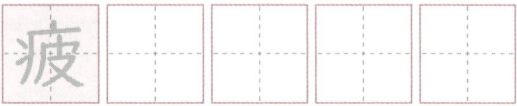
歩きすぎて足が疲れる
仕事で頭が疲れる　人生に疲れる
疲労がたまる　疲労回復

慣 (14) な-れる　な-らす / カン
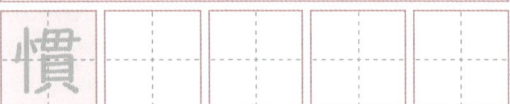
新しい生活に慣れる　仕事に慣れる
住み慣れた町　外国語に耳を慣らす
生活習慣　慣用句

競 (20) きそ-う　せ-る / キョウ　ケイ
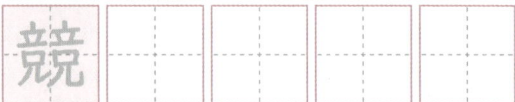
ライバルと成績を競う
ゴール直前まで競る　競争　競技
オークションで名画を競る　競馬

養 (15) やしな-う / ヨウ
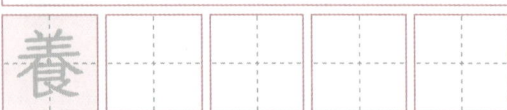
働いて家族を養う　養育費
教師を養成する　教養　休養
体力を養う　栄養　養子

兼 (10) か-ねる / ケン
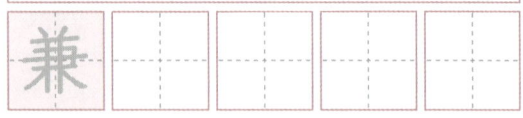
選手とコーチを兼ねる　兼業　兼任
男女兼用

基本編　5章　仕事

労働
ろうどう

Labor
劳动
Lao động, làm việc

就 (12)　つ-く　つ-ける
シュウ　ジュ

販売の仕事に就く　就職活動
就業規則を守る　社長に就任する
子どもを有名なコーチに就ける
就寝時間
△成就

従 (10)　したが-う　したが-える
ジュウ　ショウ　ジュ

上司の指示に従う　従順
長年医療に従事してきた
部下を従えて出張する　主従関係
△従容　△従五位

応 (7)　こた-える
オウ

期待に応える　呼びかけに応答する
来客に応対する　応援　取材の対応
反応が鈍い　応用問題
△臨機応変

訪 (11)　おとず-れる　たず-ねる
ホウ

京都を訪れる　先生の家を訪ねる
他社を訪問する　まもなく春が訪れる

課 (15)　カ

責任を課す　ノルマが課される
課題に取り組む　課税　営業課
課長

論 (15)　ロン

議論を続ける　論点をはっきりさせる
論理的に説明する力が必要だ　小論文

採用
さいよう

Recruiting
采用
Tuyển dụng

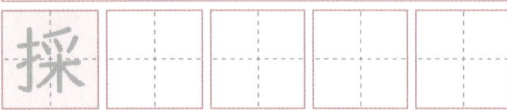

採 (11) と−る / サイ

新入社員を採る　A案を採る　採用試験
しんにゅうしゃいん と　　あん と　　さいようしけん
採決　採血　植物採集
さいけつ　さいけつ　しょくぶつさいしゅう

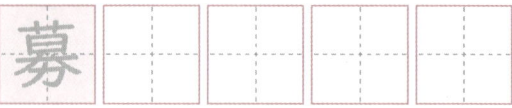

募 (12) つの−る / ボ

参加者を募る　寄付を募る　募金
さんかしゃ つの　　きふ つの　　ぼきん
アルバイトの学生を募集する
　　　　　がくせい ぼしゅう
採用試験に応募する　急募
さいようしけん おうぼ　　きゅうぼ

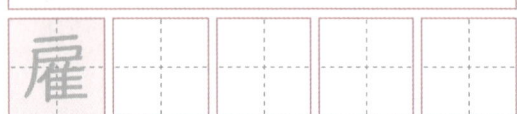

雇 (12) やと−う / コ

運転手を雇う　アルバイトを雇う
うんてんしゅ やと　　　　　　　　やと
雇用問題　会社を解雇される
こようもんだい　かいしゃ かいこ

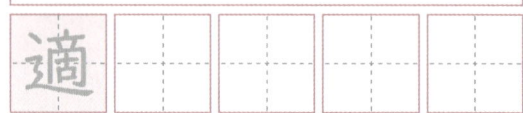

適 (14) テキ

この土地は米作りに適している
　　とち こめづく　　てき
環境に適応する　適性を調べる
かんきょう てきおう　てきせい しら
適切な指示を出す　適任　適度な運動
てきせつ しじ だ　　てきにん　てきど うんどう
快適
かいてき

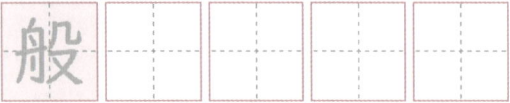

般 (10) ハン

一般的　一般人　全般
いっぱんてき　いっぱんじん　ぜんぱん
△般若
はんにゃ

総 (14) ソウ

意見を総合する　総合職と一般職
いけん そうごう　　そうごうしょく いっぱんしょく
総合病院　総理大臣
そうごうびょういん　そうりだいじん
総力を上げて取り組む　総称　総務部
そうりょく あ　　と く　　そうしょう　そうむぶ

基本編　5章　仕事

営業
えいぎょう

Sales
营业
Kinh doanh, bán hàng

企 (6) くわだ-てる　キ

A社の乗っ取りを企てる
しゃ　の　と　くわだ
新しい企画を考える　有名企業
あたら　きかく　かんが　　ゆうめいきぎょう

案 (10) アン

新しい仕組みを考案する　名案　発案者
あたら　しく　こうあん　　めいあん　はつあんしゃ
新規プランを提案する　具体的な案を考える
しんき　　　　ていあん　　ぐたいてき　あん　かんが
原案　店内を案内する　案件
げんあん　てんない　あんない　　あんけん

依 (8) イ　エ

依存心が強い　石油資源に依存する
いぞんしん　つよ　　せきゆしげん　いぞん
大雨が依然として続く
おおあめ　いぜん　　　　つづ
△帰依
きえ

頼 (16) たの-む　たの-もしい　たよ-る　ライ

部下に仕事を頼む　先輩を頼る
ぶか　しごと　たの　　せんぱい　たよ
依頼を受ける　信頼関係を築く
いらい　う　　しんらいかんけい　きず
頼もしい若者
たの　　　　わかもの

比 (4) くら-べる　ヒ

背の高さを比べる　食べ比べる
せ　たか　くら　　　た　くら
比べものにならない　対比
くら　　　　　　　　たいひ

較 (13) カク

前年度と売り上げを比較する
ぜんねんど　う　あ　ひかく
プロジェクトは比較的順調に進んでいる
ひかくてきじゅんちょう　すす

人事
じんじ

Personnel
人事
Nhân sự

評 (12) ヒョウ

評判のいいレストラン
ひょうばん
新作映画について評論する　書評を書く
しんさくえいが　　　　ひょうろん　　しょひょう　か
総評を述べる　好評　風評が立つ
そうひょう の　　こうひょう　ふうひょう た

価 (8) あたい　カ

商品に適正な価をつける　価格　定価
しょうひん てきせい あたい　　かかく　　ていか
物価が高い　価値
ぶっか たか　　かち
勉強の成果を評価する
べんきょう せいか　ひょうか

改 (7) あらた-める　あらた-まる　カイ

乱れた生活を改める　改心　改造
みだ　　せいかつ あらた　　かいしん　かいぞう
改装工事　政治改革　改まった態度
かいそうこうじ　せいじかいかく　あらた　　たいど

善 (12) よーい　ゼン

善い行い　善悪　偽善者　親善試合
よ おこな　　ぜんあく　ぎぜんしゃ　しんぜん じあい
善良な市民　善意で協力する
ぜんりょう しみん　ぜんい　きょうりょく
水質を改善する
すいしつ　かいぜん

勤 (12) つと-める　つと-まる　キン　ゴン

デパートに勤めている　勤労感謝の日
　　　　　　つと　　　　きんろうかんしゃ　ひ
通勤ラッシュ　勤続20年　転勤　夜勤
つうきん　　　きんぞく　ねん　てんきん　やきん
無断欠勤　彼なら課長が勤まるだろう
むだんけっきん　かれ　　かちょう　つと
△勤行
ごんぎょう

務 (11) つと-める　つと-まる　ム

司会を務める　リーダーが務まるか心配だ
しかい　つと　　　　　　　　つと　　　しんぱい
病院に勤務する　義務を果たす
びょういん きんむ　　ぎむ　は
義務教育　外務省　事務所
ぎむきょういく　がいむしょう　じむしょ

5章 復習

1. 漢字の読み方を書いてください。

① 社長の彼は、多忙な毎日を送っている。
② 敬子さんは20年間新聞社に勤めている。
③ 10年ぶりに訪れたその町は、昔と全然変わっていなかった。
④ 英語と中国語が話せる人を採用する予定だ。
⑤ 買い物で、1日中いろいろな店を歩き回って疲れた。
⑥ ご依頼の品物をお届けに参りました。
⑦ 先生にすすめられて、作文コンクールに応募する。
⑧ 説明書の指示に従って、本棚を組み立てる。
⑨ 新しく考えた企画が上司にほめられた。
⑩ さまざまな分野の本を読んで教養を身につける。

2. 漢字を書いてください。

① 生活習慣をかいぜんし、15kgのダイエットに成功した。
② 先輩社員が新入社員に社内をあんないする。
③ この町にそうごう病院は一つしかない。
④ A案とB案をひかくして、最終的にA案に決めた。
⑤ ひとみさんは近所のひょうばんがいい。
⑥ 人手不足のためにアルバイトの学生をやとう。
⑦ 活発なぎろんが続き、会議は3時間にも及んだ。
⑧ ライバルときそうことで、お互いにがんばれる。
⑨ 遠藤氏は複数の会社の社長をけんにんしている。
⑩ 第一志望の会社にしゅうしょくが決まった。

6章 会社

経営 けいえい

Management
经营
Kinh doanh, điều hành

営 (12) いとな－む エイ

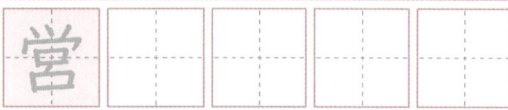

家族で店を営む　自営業　営業職
会社を経営する　NPO組織を運営する

景 (12) ケイ

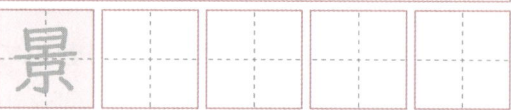

夜景がきれいな町　風景　絶景
福引の景品　景気の回復を期待する
不景気で業績が悪化する
△殺風景な部屋

資 (13) シ

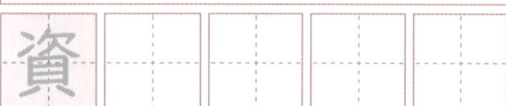

資産　資金　会議の資料を作る
資源を守る　資本主義社会
資格試験　資質

役 (7) ヤク　エキ

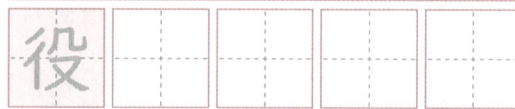

役に立つ　役員　役職に就く
与えられた役割を果たす　ドラマの配役
役所で手続きをする　大役を務める
使役形

拡 (8) カク

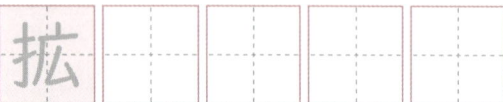

拡大コピー　地図を拡大する
会社の規模を拡大する　校舎を拡張する
拡張子

縮 (17) ちぢ－む　ちぢ－まる　ちぢ－める ちぢ－れる　ちぢ－らす シュク

セーターが縮む　相手との距離が縮まる
体を縮める　縮れた毛の犬種
髪を縮らす　事業を縮小する　時間短縮
△圧縮ファイル

基本編　6章　会社

販売
はんばい

Sale
销售
Việc bán hàng

販 (11) ハン

新商品を販売する　通信販売
しんしょうひん　はんばい　　つうしんはんばい
ネット販売　市販の薬　自動販売機
はんばい　　しはん　くすり　じどうはんばいき

略 (11) リャク

略して記号で示す　略歴　略図　略式
りゃく　きごう　しめ　りゃくれき　りゃくず　りゃくしき
販売戦略を考える
はんばいせんりゃく　かんが

値 (10) あたい　ね　チ

賞賛に値する行為　値段を設定する
しょうさん　あたい　こうい　ねだん　せってい
値段を比べる　値打ちのある品物
ねだん　くら　　ねう　　　　しなもの
お金の価値　価値観
かね　かち　かちかん

額 (18) ひたい　ガク

額にしわを寄せる　猫の額ほどの庭
ひたい　　　よ　　　ねこ　ひたい　　にわ
額縁　金額　料金定額制　半額　差額
がくぶち　きんがく　りょうきんていがくせい　はんがく　さがく

購 (17) コウ

製品を大量に購入する
せいひん　たいりょう　こうにゅう
新聞の定期購読を申し込む　購買部
しんぶん　ていきこうどく　もう　こ　　こうばいぶ

納 (10) おさ-める　おさ-まる　ノウ　ナッ　ナ　ナン　トウ

税金を納める　商品が期日までに納まる
ぜいきん　おさ　　しょうひん　きじつ　　　　おさ
収納　納品　分納　見納め　納豆　納屋
しゅうのう　のうひん　ぶんのう　みおさ　なっとう　なや
納戸
なんど
△出納帳
すいとうちょう

利益
りえき

Profit
利益
Lợi nhuận

益 (10) エキ ヤク

利益を出す　収益をあげる
りえき　だ　しゅうえき

有益な時間を過ごす
ゆうえき　じかん　す

△ご利益
りやく

財 (10) ザイ サイ

財を築く　財産　財政赤字　財務
ざい　きず　ざいさん　ざいせいあかじ　ざいむ

私財を投じて会社を作る　散財する
しざい　とう　かいしゃ　つく　さんざい

財布
さいふ

損 (13) そこ-なう そこ-ねる ソン

損をする　信頼を損なう　損傷が激しい
そん　しんらい　そこ　そんしょう　はげ

破損する　損益　多大な損失を出す
はそん　そんえき　ただい　そんしつ　だ

昼ご飯を食べ損なう
ひる　はん　た　そこ

相手の気分を損ねる　損害保険
あいて　きぶん　そこ　そんがいほけん

得 (11) え-る う-る トク

収入を得る　許可を得る　得をする
しゅうにゅう　え　きょか　え　とく

納得する　損得を考える　あり得る話
なっとく　そんとく　かんが　え/う　はなし

あり得ない事態　得意なスポーツ
え　じたい　とくい

株 (10) かぶ

切り株　株式会社　株券を発行する
き　かぶ　かぶしきがいしゃ　かぶけん　はっこう

株主総会　株価　株でもうける
かぶぬしそうかい　かぶか　かぶ

△株が上がる
かぶ　あ

債 (13) サイ

負債を抱える　債務　債権　債券
ふさい　かか　さいむ　さいけん　さいけん

国債を発行する
こくさい　はっこう

基本編　6章　会社

経費
けいひ

Cost
经费
Kinh phi

充 (6)　あ−てる　ジュウ

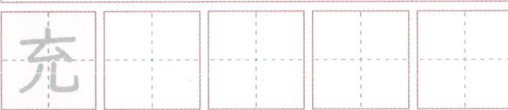

福利厚生が充実している
ふくりこうせい　じゅうじつ
充実した生活を送る　充電　充血
じゅうじつ　せいかつ　おく　じゅうでん　じゅうけつ
ボーナスを生活費に充てる
せいかつひ　あ

余 (7)　あま−る　あま−す　ヨ

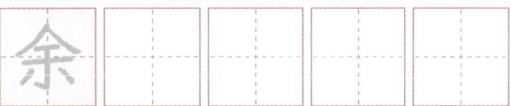

在庫が余る　プレゼンの時間が余る
ざいこ　あま　じかん　あま
余り物　余った予算を消化する
あま　もの　あま　よさん　しょうか
余分なものを買う
よぶん　か
今年も余すところ２日だ
ことし　あま　か
△余暇
よか

加 (5)　くわ−える　くわ−わる　カ

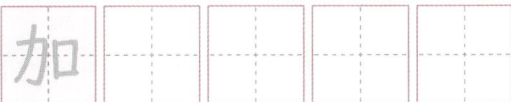

新しいメンバーを加える
あたら　くわ
地域の活動に加わる　注文を追加する
ちいき　かつどう　くわ　ちゅうもん　ついか
追加費用　大会に参加する
ついかひよう　たいかい　さんか

除 (10)　のぞ−く　ジョ　ジ

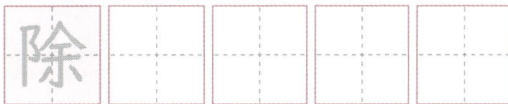

一人を除いて全員が賛成する
ひとり　のぞ　ぜんいん　さんせい
土日を除く毎日　不安を除く　掃除
どにち　のぞ　まいにち　ふあん　のぞ　そうじ
除去　メールをさく除する
じょきょ　じょ

増 (14)　ま−す　ふ−える　ふ−やす　ゾウ

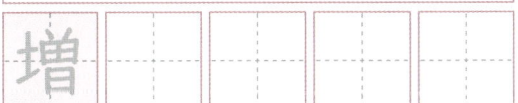

保険の負担額が増す　貯金が増える
ほけん　ふたんがく　ま　ちょきん　ふ
正社員を増やす　人口が増加する
せいしゃいん　ふ　じんこう　ぞうか
売上を倍増させる
うりあげ　ばいぞう

減 (12)　へ−る　へ−らす　ゲン

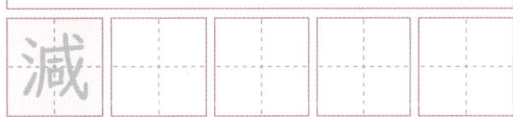

子どもの数が減る　おなかが減る
こ　かず　へ　へ
予算を減らす　むだな経費を減らす
よさん　へ　けいひ　へ
希少動物が減少する　負担を軽減する
きしょうどうぶつ　げんしょう　ふたん　けいげん
人口の増減を調べる　湯加減
じんこう　ぞうげん　しら　ゆかげん

出版
しゅっぱん

Publishing
出版
Xuất bản

版 (8)　ハン

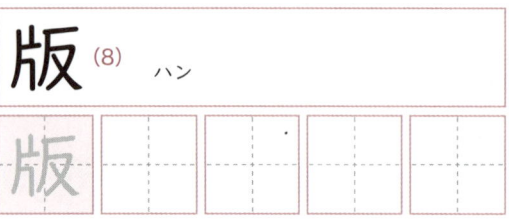

本を出版する　重版　永久保存版
ほん　しゅっぱん　じゅうはん　えいきゅうほぞんばん

編 (15)　あーむ　ヘン

セーターを編む　編み物　3年次編入
　　　　　あ　　あ　もの　　ねん じ へんにゅう
雑誌の編集　小説の前編と後編
ざっし　へんしゅう　しょうせつ　ぜんぺん　こうへん

片 (4)　かた　ヘン

片面印刷　片側車線
かためんいんさつ　かたがわしゃせん
ピアスを片方なくす　片思い
　　　　かたほう　　かたおも
部屋を片付ける　片隅　ガラスの破片
へや　かたづ　　かたすみ　　　　は へん

裏 (13)　うら　リ

用紙の表と裏を間違える　裏面
ようし　おもて うら まちが　　　り めん
商店街の裏通り　表と裏がある性格の人
しょうてんがい うらどお　おもて うら　　せいかく ひと
風景が脳裏に浮かぶ
ふうけい のうり　う
△表裏一体
　ひょうりいったい

章 (11)　ショウ

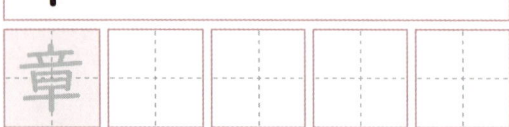

文章を書く　第一章　序章
ぶんしょう か　だいいっしょう　じょしょう
△勲章
　くんしょう

幅 (12)　はば　フク

幅の広いネクタイ　道幅　背幅　肩幅
はば ひろ　　　　みちはば　せはば　かたはば
走り幅跳び　幅広い知識を持つ
はし はば と　はばひろ　ちしき　も
△幅員　△全幅の信頼を寄せる
　ふくいん　ぜんぷく　しんらい　よ

基本編　6章　会社

6章 復習
ふくしゅう

1. 漢字の読み方を書いてください。

① 友人といっしょに株式会社を設立する。　①
② 社員の負担を軽減する方法を考える。　②
③ 自分で会社を経営するのが夢だ。　③
④ 時間短縮のため、大切なポイントだけを伝える。　④
⑤ 休日のたびに、散らかった机の上を片付ける。　⑤
⑥ 永久保存版のDVDを発売初日に買った。　⑥
⑦ 値段を比べて安いほうを買うようにしている。　⑦
⑧ 会社の運営に失敗して負債を抱えてしまった。　⑧
⑨ 最近の経済状況から、景気の回復が期待できる。　⑨
⑩ 定額制サービスは洋服や映画、家電などいろいろある。　⑩

2. 漢字を書いてください。

① この仕事をするにははばひろい知識が必要だ。　①
② 税金をおさめるのは国民の義務だ。　②
③ 営業時間は9時から17時まで（土日をのぞく）です。　③
④ 利益を増やすために、よぶんなコストを見直す。　④
⑤ 部長に頼まれて、会議に必要なしりょうを作成した。　⑤
⑥ うらに書かれている注意を確認してください。　⑥
⑦ 信頼をそこなう結果となったことをおわびする。　⑦
⑧ 仕事は忙しいが、じゅうじつした毎日を送っている。　⑧
⑨ むだな出費をへらすためのアイデアを募集する。　⑨
⑩ やくしょで住所変更の手続きをした。　⑩

5章・6章 アチーブメントテスト

【1】次の文の下線をつけた言葉の読み方を①〜④の中から選び、番号を書いてください。

1. 上司の指示に<u>従う</u>ばかりでなく、自発的に行動する姿勢が必要だ。
   ①したがう　②ならう　③きそう　④やとう

2. 乱れた食生活を<u>改めて</u>、野菜中心の食事を心がけよう。
   ①おさめて　②あらためて　③いためて　④つとめて

3. 1年に一回、人口の<u>増減</u>を調べた結果が発表される。
   ①ぞんけん　②ぞうけん　③ぞうげん　④そうげん

4. 都合により、本日は営業時間を1時間<u>短縮</u>いたします。
   ①かくしゅく　②たんじゅく　③たんちょう　④たんしゅく

5. こちらのシャツは男女<u>兼用</u>のデザインとサイズ展開で、大変人気です。
   ①けんよう　②れんよう　③かねよう　④げんよう

1.	2.	3.	4.	5.

【2】次の文の下線をつけた言葉の漢字を①〜④の中から選び、番号を書いてください。

1. 正社員という言い方が定着しているが、これは正規社員を<u>りゃくした</u>言い方だ。
   ①客した　②格した　③略した　④外した

2. 学生から社会人になって、新しい生活に<u>てきおう</u>するには時間がかかる。
   ①適応　②的応　③商応　④適央

3. 人材を確保して社内に変化を生むために、新入社員を<u>とる</u>。
   ①取る　②採る　③撮る　④余る

4. お客様が来るから、散らかっている部屋を早く<u>かたづけ</u>なさい。
   ①片付け　②形着け　③方付け　④片着け

5. 兄は日本でも有数の<u>きぎょう</u>に入社し、いつも海外を飛び回っている。
   ①期業　②企行　③起業　④企業

1.	2.	3.	4.	5.

5章・6章 アチーブメントテスト

【3】①〜⑳の下線部の漢字または読み方を書いてください。

遠藤先生へ

　先生、お元気ですか。私は食品関係で有名な ARC ①株式会社に②しゅうしょくしました。入社してすぐのころは③通勤ラッシュで毎日④疲れていたのですが、もう⑤慣れました。

　⑥一般的なビジネスマナーや基本スキルの新人研修が終わり、⑦えいぎょうの仕事が始まりました。

　今は、先輩と一緒に自社の商品を⑧販売しているお店を⑨ほうもんしています。お店の担当の方からは、値段が高いと言われたり、商品について質問されたりすることがあります。遠藤先生のゼミで⑩養われたコミュニケーション力が⑪やくにたっていると実感していますが、商品について⑫幅広い知識がなければ、なかなか⑬信頼してもらえません。これは、これからの⑭かだいです。

　ときどき、会議の⑮しりょうを作ることもあります。先日、社内で開かれた新入社員のプレゼンテーション大会で、新商品開発のために⑯ていあんしたアイデアが⑰ひょうかされました。とてもうれしかったです。

　⑱忙しいですが、毎日がとても⑲じゅうじつしています。1日も早く、先輩や上司の期待に⑳応えられるようにがんばります。先生もお元気で。

7月30日　サミエルより

①	②	③	④
⑤	⑥	⑦	⑧
⑨	⑩	⑪	⑫
⑬	⑭	⑮	⑯
⑰	⑱	⑲	⑳

5章・6章 クイズ

【1】___の言葉と反対の意味の言葉を考え、□に漢字を書いてください。

1. 会社の規模を□□する ⇔ 会社の規模を<u>縮小</u>する
2. 第一希望の会社に□□された ⇔ 不正がばれて会社を<u>解雇</u>された
3. 最新モデルのテレビを<u>販売</u>する ⇔ 店員おすすめの大型テレビを□□した
4. 結婚しない若者の□□の原因を考える ⇔ 子どもの<u>減少</u>は社会の重大問題だ。
5. 商品が購入後にセールになって<u>損</u>をした。 ⇔ ほしかった商品がセールになっていて□をした。

【2】___の言葉の読み方を右の□から選んで、記号を書いてください。

1. 商品を<u>買う</u>ときはよく調べて、<u>納得</u>してから買うとよい。（　）
2. <u>財布</u>がない。どうやら家に忘れてきてしまったらしい。（　）
3. 馬が好きなので、休日になるといつも<u>競馬</u>を見に行く。（　）
4. 神社で学業<u>成就</u>のお守りを買った。（　）

A　さいふ
B　なっとく
C　けいば
D　じょうじゅ

【3】同じ送りがなを使う漢字の文を線でつなぎ、□に漢字、[ ]に読み方を書いてください。

例）新人をメンバーに [加] える ――― 残業が [増] える
　　　　　　　　　　[くわえる]　　　　　　　　　[ふえる]

1. いたずらを□てる　・　・　ゴール直前まで□る
　　　　[　　]　　　　　　　ちょくぜん[　　]

2. 税金を□める　・　・　家族で店を□む
　　ぜいきん[　　]　　　　かぞく[　　]

3. セーターを□む　・　・　貯金を生活費に□てる
　　　　[　　]　　　　　　ちょきん せいかつひ[　　]

4. 参加者を□る　・　・　新しい生活に□れる
　　さんかしゃ[　　]　　あたら せいかつ[　　]

5. 旅行で京都を□れる　・　・　パーティーで司会を□める
　　りょこう きょうと[　　]　　　　しかい[　　]

5章・6章　クイズ

【4】□から漢字を選んで、会話文を完成させてください。

1. 　業務の見直しと、□□のためのプロジェクトリーダー、誰がいいだろうか。

　　田中さんがいいと思います。いつも適切な指示で、みんな働きやすいと言っています。

2. 　価格はおさえて利益も出したい。何かアイデアを考えてみてくれないか。

　　わかりました。企画書をまとめてみます。

3. 　意見を総合すると、みなさん賛成ということですね。では、会議を終わります。

　　今日の会議は議論が活発でよかったですね。

4. 　A社製とB社製を比較すると、充電が長持ちするはどちらですか。

　　A社製ですが、金額もかなり高くなりますよ。

5. 　第一希望の出版社の採用試験の前にどんな準備をしたらいいですか。

　　実際に勤務している人の経験談を聞くのがいいですよ。

| 額 | 改 | 利 | 勤 | 論 | 適 | 較 | 価 | 採 | 益 | 企 | 務 | 画 | 総 | 議 | 善 | 比 | 充 | 版 |

7章 ミステリー サスペンス①

Suspense I
悬疑①
Hồi hộp, kích động ①

Mystery
推理
Bí ẩn, huyền bí

毒 (8) ドク

体中に毒が回る　毒薬　毒きのこ
アルコール中毒　傷口を消毒する
飲みすぎは体に毒だ

殺 (10) ころ－す　サツ　サイ　セツ

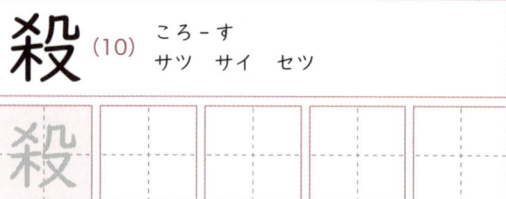

人を殺す　殺人事件　自殺　殺害
仕事に忙殺される
問い合わせが殺到する
貸し借りを相殺する　殺生

責 (11) せ－める　セキ

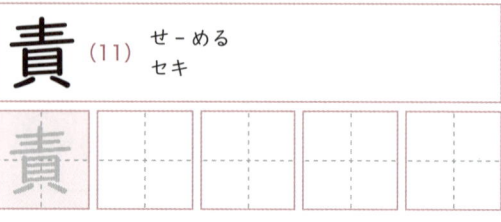

相手のミスを責める　責任をとる
無責任な人　職責　責務
△上司に叱責される

逃 (9) に－げる　に－がす　のが－す　のが－れる　トウ

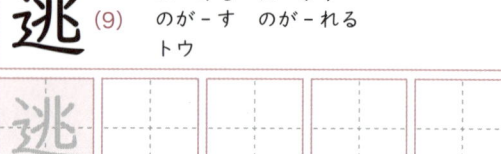

犯人が逃げた　逃げ足が速い
つった魚を逃がした　チャンスを逃す
危機一髪で難を逃れた　逃走　逃亡

暴 (15) あば－れる　あば－く　ボウ　バク

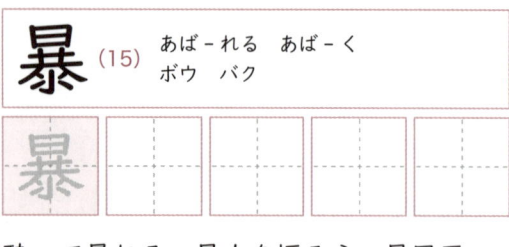

酔って暴れる　暴力を振るう　暴風雨
暴飲暴食　不正を暴く
△汚職を暴露する

恐 (10) おそ－れる　おそ－ろしい　キョウ

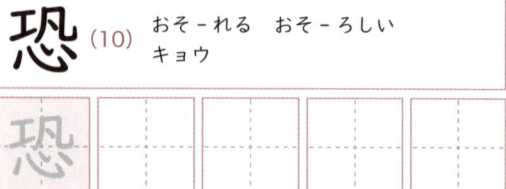

失敗を恐れる　恐ろしい事件　恐怖
恐妻家　恐れ入りますが　恐縮ですが

サスペンス②

Suspense 2
悬疑②
Hồi hộp, kích động ②

緊 (15) キン

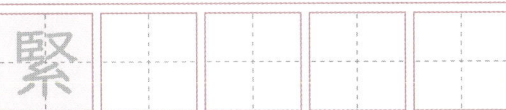

緊急の用事で呼び出される
緊急事態が発生した　緊迫した状況

張 (11) は−る　チョウ

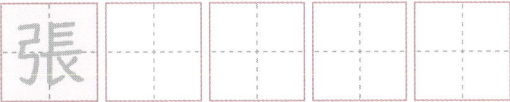

テントを張る　くもの巣が張る
気を張る　緊張する　欲張りな人
意見を主張する

破 (10) やぶ−れる　やぶ−る　ハ

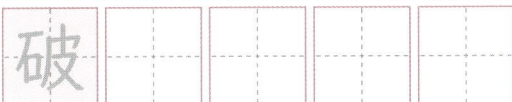

シャツが破れた　手紙を破って捨てた
約束を破る　破壊　ビルを爆破する
書類を破棄する　破産した

割 (12) わ−れる　わ−る　わり　さ−く　カツ

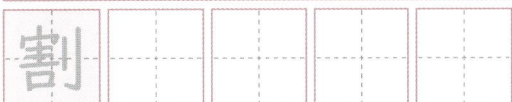

コップが割れる　窓ガラスを割る
時間を割く　割愛する　5割引
分割払い　水割り　割合　割り算

別 (7) わか−れる　ベツ

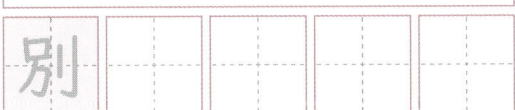

駅で友人と別れる　恋人と別れる　分別
区別　差別　性別　夫婦別姓
兄とは別の道を進む　別居　特別

離 (19) はな−れる　はな−す　リ

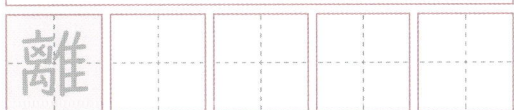

故郷を離れる　子どもから目を離す
家族と離れて暮らす　離婚
飛行機が離陸する　分離

サスペンス③

Suspense 3
悬疑③
Hồi hộp, kích động ③

殴 (8)
なぐ-る
オウ

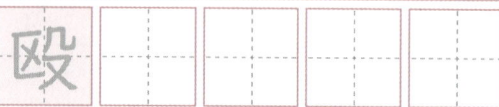

棒で殴る　酔った男が駅員を殴った
殴打する　殴殺される

叫 (6)
さけ-ぶ
キョウ

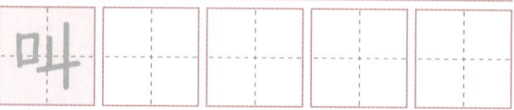

「助けて」と叫ぶ　叫び声をあげる
ジェットコースターで絶叫する

怖 (8)
こわ-い
フ

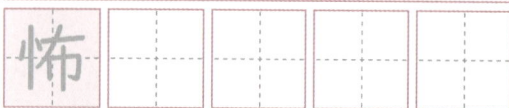

怖い話　犬を怖がる　恐怖　高所恐怖症

嫌 (13)
きら-う　いや
ケン　ゲン

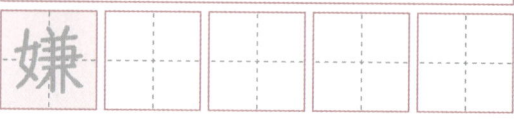

人混みを嫌う　負けず嫌いな性格
嫌な仕事　嫌がる子ども　機嫌がいい
自己嫌悪

憎 (14)
にく-む　にく-い
にく-らしい　にく-しみ
ゾウ

不正を憎む　犯人が憎い
憎たらしい子ども　憎めない人
憎しみを抱く　憎悪

恥 (10)
は-じる　は-じらう
は-ずかしい　はじ
チ

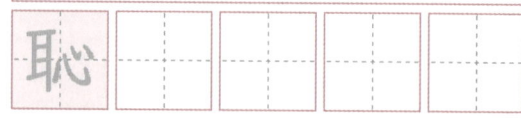

皆の前で転んで恥ずかしい
ミスを恥じる　手をつなぐのを恥じらう
恥をかく　厚顔無恥

基本編　7章　ミステリー

犯罪
はんざい

Crime
犯罪
Phạm tội

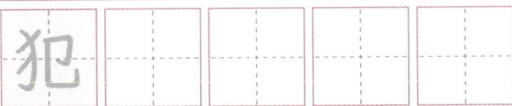

犯 (5)　おか-す　ハン

ミスを犯す　規則を犯す　犯行におよぶ
　　おか　　　きそく　おか　　はんこう
防犯カメラ　共犯　犯人をさがす
ぼうはん　　きょうはん　はんにん

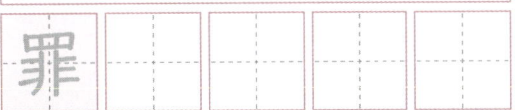

罪 (13)　つみ　ザイ

罪を犯す　犯罪　謝罪　罪悪感に苦しむ
つみ　おか　はんざい　しゃざい　ざいあくかん　くる
死罪
しざい

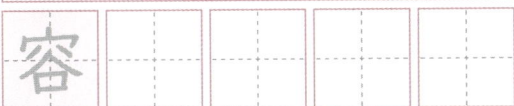

容 (10)　ヨウ

容器　収容人数　許容する
ようき　しゅうようにんずう　きょよう
本の内容を説明する　パソコンの容量
ほん　ないよう　せつめい　　　　ようりょう
美容院　この問題は容易に解ける
びよういん　　もんだい　ようい　と

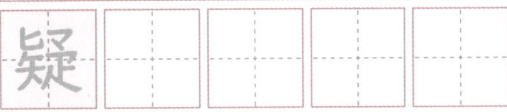

疑 (14)　うたが-う　ギ

疑問　容疑者　私が犯人だと疑われた
ぎもん　ようぎしゃ　わたし　はんにん　うたが
質疑応答　半信半疑
しつぎおうとう　はんしんはんぎ

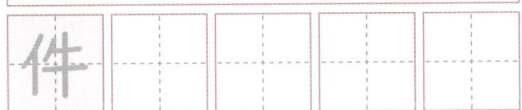

件 (6)　ケン

事件　条件　用件を伝える　物件を探す
じけん　じょうけん　ようけん　つた　ぶっけん　さが
犯罪件数
はんざいけんすう

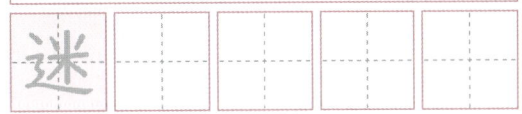

迷 (9)　まよ-う　メイ

道に迷う　判断に迷う　迷いがある
みち　まよ　はんだん　まよ　まよ
迷路　成績が低迷する　迷わく　迷信
めいろ　せいせき　ていめい　めい　めいしん

犯人
はんにん

Criminal
犯人
Tội phạm

印 (6)
しるし
イン

地図に印をつける　印かん　押印　目印
ちず　しるし　　　いん　　おういん　めじるし
米印　印刷
こめじるし　いんさつ

象 (12)
ショウ　ゾウ

象は鼻が長い　現象
ぞう　はな　なが　げんしょう
ハトは平和の象ちょうだ　印象に残る
へいわ　しょう　　　　　いんしょう　のこ
第一印象　ちゅう象的　気象情報
だいいちいんしょう　しょうてき　きしょうじょうほう

誘 (14)
さそ-う
ユウ

仲間を誘って出かける　誘いを受ける
なかま　さそ　で　　　さそ　う
誘導　誘致　誘わく
ゆうどう　ゆうち　ゆう
子どもが誘かいされた
こ　　　ゆう

勧 (13)
すす-める
カン

入会を勧める　お茶を勧める
にゅうかい　すす　ちゃ　すす
サークルに勧誘する　勧告
かんゆう　　　　かんこく

刃 (3)
は
ジン

刃が鋭い　かみそりの刃　刃物
は　するど　　　　　は　はもの
△凶刃
きょうじん

盗 (11)
ぬす-む
トウ

宝石を盗む　盗難届を出す
ほうせき　ぬす　とうなんとどけ　だ
作品を盗用する　盗作　銀行強盗
さくひん　とうよう　とうさく　ぎんこうごうとう
人目を盗む　盗聴
ひとめ　ぬす　とうちょう

7章 復習

1. 漢字の読み方を書いてください。

① テストの前はいつも緊張してしまう。
② 駅で迷って、待ち合わせに遅れた。
③ 死因は毒殺によるものと判明した。
④ 彼は会社の経営に失敗し、破産したらしい。
⑤ 恐ろしさのあまり、体が動かない。
⑥ 友達に誘われてお酒を飲みに行った。
⑦ 高額の絵画が実は盗作だったことが判明した。
⑧ 怖い映画をみて、夜眠れなくなった。
⑨ 幼いときに両親が離婚して祖父母に育てられた。
⑩ 暗やみで知らない人に声をかけられ、走って逃げた。

2. 漢字を書いてください。

① 大人になってもピーマンがきらいで食べられない。
② 自分に与えられた仕事をせきにんをもってやりとげる。
③ 悪夢をみて、夜中にさけんでしまった。
④ 山田さんは夫婦仲が悪くべっきょしているそうだ。
⑤ 面接ではだいいちいんしょうが重要だ。
⑥ どんな理由があろうと、ぼうりょくは良くない。
⑦ 急性アルコールちゅうどくで病院に運ばれた。
⑧ はんざいしゃは必ず現場に戻ると言われている。
⑨ あのスーパーは今日からわりびきセールをするそうだ。
⑩ 人前で転んでしまいはずかしい思いをした。

8章 人間関係
にんげんかんけい

Human Relationships
人际关系
Mối quan hệ con người

仲間①
なかま

Peer 1
伙伴①
Bạn bè, đồng nghiệp ①

周 (8)
まわーり
シュウ

池の周りを走る　一周2キロ
いけ　まわ　はし　　いっしゅう
駅周辺の居酒屋　ヨーロッパ周遊旅行
えきしゅうへん　いざかや　　しゅうゆうりょこう
周知の事実　用意周到
しゅうち　じじつ　ようい しゅうとう

囲 (7)
かこーむ　かこーう
イ

テーブルを囲んで座る　森に囲まれた家
かこ　　すわ　もり　かこ　　いえ
木の周りをフェンスで囲う　包囲する
き　まわ　　　　　　　かこ　ほうい
周囲　胸囲　範囲が広い
しゅうい　きょうい　はんい　ひろ

協 (8)
キョウ

リーダーに協力する　協賛　協会
きょうりょく　きょうさん　きょうかい
産学協同　協定を結ぶ
さんがくきょうどう　きょうてい　むす

互 (4)
たがーい
ゴ

互いに歩み寄る　お互い様
たが　あゆ よ　　たが　さま
ソフトの互換性　交互に発言する
ごかんせい　こうご　はつげん
相互理解　互角の戦い
そうごりかい　ごかく　たたか

共 (6)
とも
キョウ

共に生きる　苦楽を共にする
とも　い　　くらく　とも
二人共合格した　共働き　共同　共感
ふたり ともごうかく　　ともばたら　きょうどう　きょうかん
公共　共通の友人
こうきょう　きょうつう　ゆうじん

我 (7)
われ　わ
ガ

我々　我が国　我を忘れる
われわれ　わ　くに　われ　わす
自我が芽生える　我が強い　我を通す
じが　めば　　　が　つよ　が　とお

基本編　8章　人間関係

仲間②
なかま

Peer 2
伙伴②
Bạn bè, đồng nghiệp ②

皆 (9)　みな　カイ

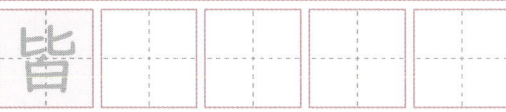

皆様　皆さん　皆勤賞をもらう
みなさま　みな　かいきんしょう
免許皆伝　皆無
めんきょかいでん　かいむ

緒 (14)　お　ショ　チョ

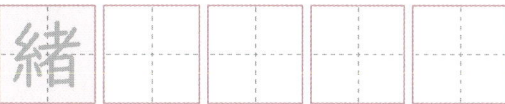

へその緒　一緒に行く　内緒にする
お　いっしょ　い　ないしょ
由緒ある家柄　情緒豊かな城下町
ゆいしょ　いえがら　じょうちょゆた　じょうかまち
情緒不安定
じょうちょふあんてい

謝 (17)　あやまーる　シャ

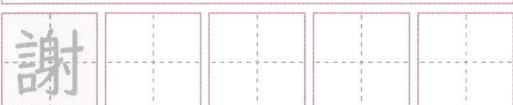

友達に謝る　感謝する　謝罪する
ともだち　あやま　かんしゃ　しゃざい
月謝を払う　代謝がいい
げっしゃ　はら　たいしゃ

励 (7)　はげーむ　はげーます　レイ

練習に励む　仲間を励ます
れんしゅう　はげ　なかま　はげ
声援が励みになる　留学をしょう励する
せいえん　はげ　りゅうがく　れい

抱 (8)　だーく　かかーえる　いだーく　ホウ

子どもを抱いた母親　抱きしめる
こ　だ　ははおや　だ
花束を抱える　疑問を抱く
はなたば　かか　ぎもん　いだ
抱負を述べる　病人を介抱する　辛抱
ほうふ　の　びょうにん　かいほう　しんぼう

握 (12)　にぎーる　アク

手を握る　握り寿司
て　にぎ　にぎ　ずし
握手をする　状況を把握する
あくしゅ　じょうきょう　はあく
一握りの選ばれた人たち
ひとにぎ　えら　ひと

仲間③
なかま

Peer 3
伙伴③
Bạn bè, đồng nghiệp ③

僕 (14) ボク

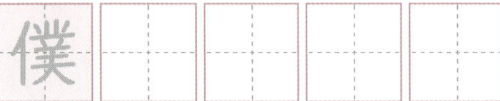

君と僕　下僕　官僚は公僕である
きみ　ぼく　げぼく　かんりょう　こうぼく

輩 (15) ハイ

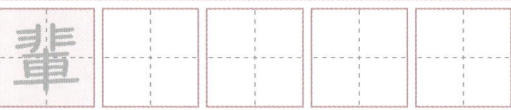

先輩　後輩　吾輩は猫である
せんぱい　こうはい　わがはい　ねこ
多くの有名選手を輩出した高校
おお　　ゆうめいせんしゅ　はいしゅつ　こうこう

僚 (14) リョウ

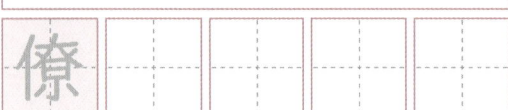

同僚　官僚　閣僚
どうりょう　かんりょう　かくりょう

誰 (15) だれ

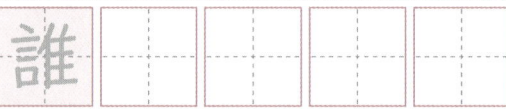

誰かに名前を呼ばれた　誰もいない部屋
だれ　　なまえ　よ　　　だれ　　　　へや

遊 (12) あそーぶ / ユウ ユ

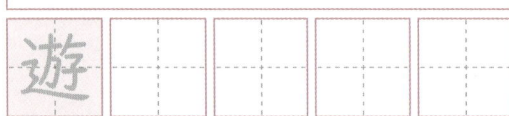

子どもと遊ぶ　夜遊びする
こ　　　あそ　よあそ
遊び友達　遊園地　遊学する
あそ　ともだち　ゆうえんち　ゆうがく

冗 (4) ジョウ

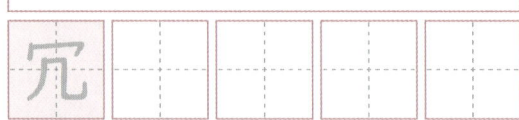

冗談を言う　冗談じゃない
じょうだん　い　じょうだん
彼の話は冗長だ
かれ　はなし　じょうちょう

基本編 8章 人間関係

敬語①
けいご

Honorific 1
敬語①
Kính ngữ ①

尊 (12)
とうと−ぶ　たっと−ぶ
とうと−い　たっと−い
ソン

平和を尊ぶ　人の命は尊いものだ
へいわ　とうと　ひと いのち とうと
プライバシーを尊重する　人間の尊厳
そんちょう　にんげん そんげん
神仏を尊ぶ　自尊心
しんぶつ たっと　じそんしん

敬 (12)
うやま−う
ケイ

目上の人を敬う　尊敬する　敬意を払う
めうえ ひと うやま　そんけい　けい い はら
敬語　敬老の日　敬具
けいご　けいろう ひ　けいぐ

申 (5)
もう−す
シン

田中と申します　お願い申し上げます
たなか もう　ねが もう あ
申し込む　申込書　申請　申告
もう こ　もうしこみしょ　しんせい　しんこく

参 (8)
まい−る
サン

中国から参りました　はか参り
ちゅうごく まい　まい
行事に参加する　参考にする
ぎょうじ さんか　さんこう
資料を参照する　持参
しりょう さんしょう　じさん

致 (10)
いた−す
チ

私からお電話を致します
わたし　でんわ いた
意見が一致する　傷害致死事件
いけん いっち　しょうがい ち し じけん
致命的なミス
ちめいてき

御 (12)
おん
ギョ　ゴ

御社　ARC株式会社御中　御家族
おんしゃ　かぶしきがいしゃおんちゅう　ご かぞく
御住所　御礼申し上げます　御案内
ごじゅうしょ　おんれいもう あ　ごあんない
機械を制御する　防御
きかい せいぎょ　ぼうぎょ

敬語②
けいご

Honorific 2
敬語②
Kính ngữ ②

召 (5) め−す / ショウ

召し上がる　国王に召されて登城する
(め あ)　(こくおう　め　　　とじょう)
天に召される　国会を召集する
(てん め)　(こっかい しょうしゅう)
召し使い
(め つか)

拝 (8) おが−む / ハイ

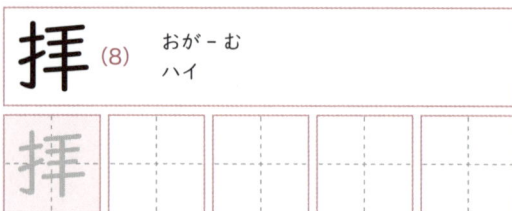

手を合わせて仏を拝む　礼拝堂　拝観料
(て あ)　(ほとけ おが)　(れいはいどう)　(はいかんりょう)
参拝客　拝見する
(さんぱいきゃく)　(はいけん)

了 (2) リョウ

試合は終了した　任務を完了する　了解
(しあい しゅうりょう)　(にんむ かんりょう)　(りょうかい)

承 (8) うけたまわ−る / ショウ

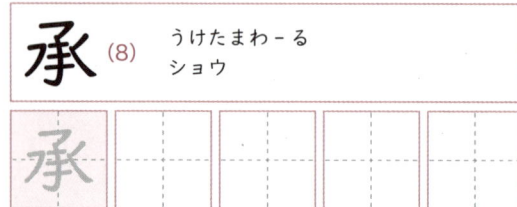

注文を承る　承知する　了承する
(ちゅうもん うけたまわ)　(しょうち)　(りょうしょう)
伝統をけい承する　起承転結
(でんとう しょう)　(きしょうてんけつ)

伺 (7) うかが−う / シ

お宅に伺う　都合を伺う　進退伺い
(たく うかが)　(つごう うかが)　(しんたいうかが)
△伺候
(しこう)

頂 (11) いただ−く いただき / チョウ

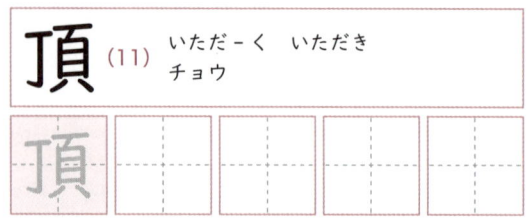

先生に本を頂いた　頂き物　山の頂
(せんせい ほん いただ)　(いただ もの)　(やま いただき)
山頂　人気の頂点　登頂に成功する
(さんちょう)　(にんき ちょうてん)　(とうちょう せいこう)

基本編　8章　人間関係

8章 復習
しゅう　ふくしゅう

1. 漢字の読み方を書いてください。

① 先生を囲んで、学生時代の思い出を語り合った。　①
② 両親への感謝の気持ちを手紙に記した。　②
③ 私は昨年末にドイツのフランクフルトから参りました。　③
④ 貧しい中、必死に働いた両親を心から尊敬している。　④
⑤ 母親は帰国した息子を両手で抱きしめた。　⑤
⑥ はじめまして、田中一郎と申します。　⑥
⑦ 職場の先輩に誘われてコンパに参加した。　⑦
⑧ 伝統芸能をけい承し、故郷を活性化したい。　⑧ けい
⑨ 二人は共通の知人を通して知り合った。　⑨
⑩ 式がまもなく始まります。皆様、こちらにお集まりください。　⑩

2. 漢字を書いてください。

① ごかぞくによろしくお伝えください。　①
② 戦争により、またとうとい命が奪われた。　②
③ 入院中、友達からのメールにはげまされた。　③
④ 子ども時代は、幼なじみといっしょによく遊んだものだ。　④
⑤ おたがいの国の文化や社会を理解すべきだ。　⑤
⑥ 今年の初もうでのさんぱいきゃくは1万人を超えた。　⑥
⑦ 仲間同士、きょうりょくすれば、きっとうまくいく。　⑦
⑧ 悪いと思ったら、すぐにあやまるべきだ。　⑧
⑨ 彼らはしゅういの反対を押し切って結婚した。　⑨
⑩ ちめいてきなミスを犯して、血の気が引いた。　⑩

79

7章・8章 アチーブメントテスト

【1】次の文の下線をつけた言葉の読み方を①～④の中から選び、番号を書いてください。

1. 天気によっては中止の可能性もございますので、あらかじめご了承ください。
   ①りょしょう　②りょうしょう　③ようしょう　④よしょう

2. 荷物を入れすぎて、袋の底が破れそうだ。
   ①やぶれ　②われ　③きれ　④よごれ

3. 恋人に振られて落ち込んでいたとき、友人が冗談を言って笑わせてくれた。
   ①ちょたん　②じょたん　③ちょうだん　④じょうだん

4. 誰でも心の中に少しの不安を抱いているものだ。
   ①だいて　②いだいて　③くだいて　④かいて

5. 子どものとき両親と離れて生活していた。
   ①わかれて　②はずれて　③かこまれて　④はなれて

1.	2.	3.	4.	5.

【2】次の文の下線をつけた言葉の漢字を①～④の中から選び、番号を書いてください。

1. 旅行中、カーナビが壊れて道にまよってしまった。
   ①泊って　②迷って　③伺って　④払って

2. 大学時代の友人に飲み会にさそわれた。
   ①勧われた　②救われた　③誘われた　④援われた

3. 皆さんのきょうりょくがあったから、最後までがんばることができました。
   ①強力　②互力　③共力　④協力

4. 今までの人生の中で、最もそんけいする人物は父です。
   ①尊敬　②尊重　③敬尊　④尊致

5. アルバイトをしていることは両親にはないしょにしている。
   ①内相　②内謝　③内容　④内緒

1.	2.	3.	4.	5.

7章・8章　アチーブメントテスト

【3】①～⑳の下線部の漢字または読み方を書いてください。

おはようございます。朝のニュースです。

昨夜23時ごろ、新宿区のコンビニで①強盗②じけんが発生しました。③犯人は店員を④なぐり、現金を出すよう脅しましたが、客の⑤さけび声におどろき、何も取らずに⑥とうそうしたとのことです。

警察は⑦ぼうはんカメラの映像を公開し、犯人の行方を追っています。

次のニュースです。

先週横浜市の会社経営者が⑧殺害された事件についての続報です。

今朝未明に⑨容疑者がたいほされました。たいほされたのは、被害者が経営する会社に勤めていた40代の男です。関係者によると、容疑者の男は度々社長にミスを⑩責められ、⑪ぼうりょくを振るわれたこともあったとのことです。社長を⑫にくんでいたとの情報もありますが、詳しい動機は、調査中です。

最後は、ほほ笑ましいニュースです。

千葉県にある⑬ゆうえんち、アスレチックワールドの「巨大⑭迷路」がリニューアルされました。新しい迷路は⑮周りが木々で⑯囲まれているので、より自然を身近に感じながら楽しめるようになりました。今週末の⑰敬老の日、65歳以上の方は⑱割引されるとのことです。

⑲皆さん、ご家族やお友達と⑳いっしょに、巨大迷路にチャレンジしてみてはいかがでしょうか。

①	②	③	④
⑤	⑥	⑦	⑧
⑨	⑩	⑪	⑫
⑬	⑭	⑮	⑯
⑰	⑱	⑲	⑳

7章・8章 クイズ

【1】 □の中から言葉を10個見つけてください。最後に残る漢字は何でしょう。

抱	感(例)	恐	怖	分
負	謝	罪	特	別
冗	談	後	敬	承
長	先	輩	出	知

【2】 就職活動中の田中さんが、大学時代の先輩に話を聞きました。言葉を □ から選んで漢字で書いてください。

初対面で _____ するかもしれないけど、面接のときは大きい声で元気よく自己紹介したほうがいいよ。

第一 _____ が大切だからね。

最近の若者は _____ が苦手な人が多いでしょ。

丁ねいな言葉で、相手を敬う言葉づかいができると、ポイント高いよ。

僕も入社3年目になったし、自分の仕事に _____ を持って働いてるよ。

いつか先輩や _____ と _____ して、大きなプロジェクトを成功させたいなあ。

きょうりょく　せきにんかん　どうりょう　いんしょう　けいご　きんちょう

7章・8章　クイズ

【3】これは人気ミステリー小説の宣伝ポスターです。①〜⑩の漢字または読み方を書いてください。

ミステリーの女王　西野信子　最新刊

寝台特急・エクスプレスシリーズ
寝台特急20号殺人事件

列車の中で起きた①毒薬による殺人事件
②おそろしい事件に乗客はパニック
③犯人はいったい④誰だ？
東野警部がトリックを⑤あばく

登場人物紹介

山田 まゆみ
コンサルティング会社社長　53歳
昨年　⑥離婚
1号車の個室で殺されているのが見つかった

東野 久
警視庁警部　46歳
たまたまこの列車に乗車中、事件に居合わせた

川谷 浩二
山田社長の秘書　35歳
社長の商談に同行した事件の第一発見者

東野警部の手帳メモをのぞいてみよう！

・社長はずいぶん前からご主人と⑦べっきょしていました。
　べっきょの理由はわかりませんが、ご主人はよく、自分は⑧恐妻家だとおっしゃっていましたよ。＜家政婦M＞

・川谷さんは酔って、恋人を⑨なぐったこともあるみたい。警察に通報されそうになったって、あせってましたよ。＜川谷の友人S＞

・1号車の個室の前で、髪の長い女が中の様子をそっと見ていました。私と目が合ったら、⑩にげるように2号車のほうに移動していましたよ。＜乗客T＞

---

①	②	③	④	⑤
⑥	⑦	⑧	⑨	⑩

9章 災害
さいがい
Disasters
灾害
Thiên tai, thảm họa

気候
きこう

Climate
气候
Thời tiết

乾 (11) かわ-く かわ-かす　カン

空気が乾く　洗濯物を乾かす
くうき かわ　せんたくもの かわ
乾期　乾電池　乾杯
かんき　かんでんち　かんぱい

燥 (17) ソウ

部屋が乾燥する　乾燥注意報　乾燥機
へや かんそう　かんそうちゅういほう　かんそうき
乾燥剤
かんそうざい

湿 (12) しめ-る しめ-す　シツ

空気が湿っている
くうき しめ
ガーゼを湿して傷口をふく　湿度が高い
しめ きずぐち　しつど たか
湿気が多い　除湿　湿原
しっけ おお　じょしつ　しつげん

涼 (11) すず-しい すず-む　リョウ

涼しい風　涼風　木かげで涼む
すず かぜ　りょうふう　こ すず
清涼飲料
せいりょういんりょう
△涼をとる
りょう

雷 (13) かみなり　ライ

雷が鳴る　雷が落ちる　雷警報　雷雨
かみなり な　かみなり お　かみなりけいほう　らいう
落雷　雷鳴がとどろく　地雷をふむ
らくらい　らいめい　じらい

嵐 (12) あらし

嵐が来る　嵐の前の静けさ
あらし く　あらし まえ しず

災害①
さいがい

災 (7) わざわ-い　サイ

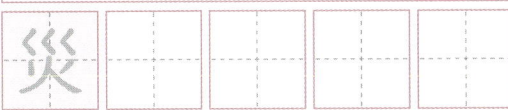

災い　口は災いのもと　火災が起きた
災難に見舞われる　天災　人災

害 (10) ガイ

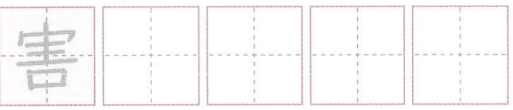

たばこは体に害がある　災害にあう
損害を与える　危害を加える　公害
へい害

震 (15) ふる-える　ふる-う　シン

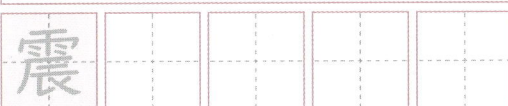

寒さで震える　足の震えがとまらない
地震　震度　震災
△緊張で声が震う

防 (7) ふせ-ぐ　ボウ

敵の攻撃を防ぐ　防寒具　防災
事故の発生を防止する　防犯ベル
予防接種

影 (15) かげ　エイ

影が長くなる　人影が全くない通り
影が薄い　面影がある　ドラマのさつ影

響 (20) ひび-く　キョウ

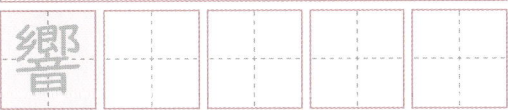

ホールに音が響く　心に響く音楽
影響を受ける　海外で反響を呼ぶ　音響

災害②
さいがい

Disasters 2
灾害②
Thiên tai, thảm họa ②

被 (10)　こうむ－る　ヒ

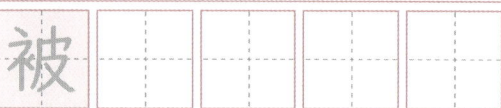

損害を被る　被害を受ける
そんがい こうむ　ひがい う
被災者　被ばく　被告　被服
ひさいしゃ　ひ　　ひこく　ひふく

壊 (16)　こわ－れる　こわ－す　カイ

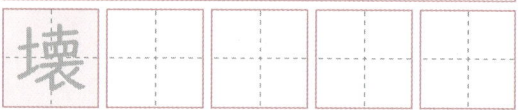

パソコンが壊れる　古い建物を壊す
こわ　　　　ふる たてもの こわ
環境破壊　全壊　ビルの倒壊
かんきょうはかい ぜんかい　　とうかい
ダムが決壊する
けっかい

傾 (13)　かたむ－く　かたむ－ける　ケイ

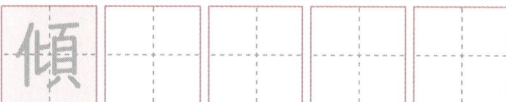

地震で家が傾く　財政が傾く　日が傾く
じしん いえ かたむ　ざいせい かたむ　ひ かたむ
耳を傾ける　円高の傾向がある
みみ かたむ　えんだか けいこう
△傾倒する
けいとう

噴 (15)　ふ－く　フン

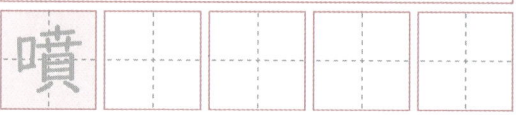

エンジンが火を噴く　火山が噴火する
ひ ふ　かざん ふんか
汗が噴き出す　不満が噴出する　噴水
あせ ふ だ　ふまん ふんしゅつ　ふんすい

崩 (11)　くず－れる　くず－す　ホウ

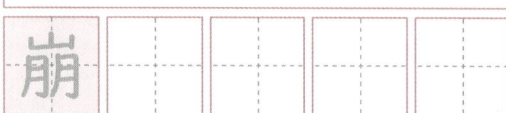

がけが崩れる　天気が崩れる
くず　てんき くず
体調を崩す　噴火で山が崩壊する　崩落
たいちょう くず　ふんか やま ほうかい　ほうらく
学級崩壊
がっきゅうほうかい

炎 (8)　ほのお　エン

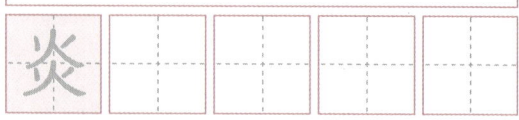

ろうそくの炎　炎に包まれる
ほのお　ほのお つつ
寺が炎上する　炎天下　肺炎　炎症
てら えんじょう　えんてんか はいえん えんしょう
口内炎
こうないえん

災害③

Disasters 3
灾害③
Thiên tai, thảm họa ③

洪 (9) コウ

洪水で家が流される　洪水警報

波 (8) なみ / ハ
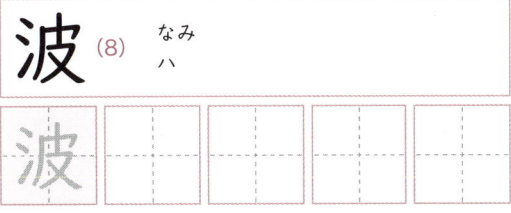

波が高い　景気の波に乗る　不況の波
電波　寒波

津 (9) つ / シン
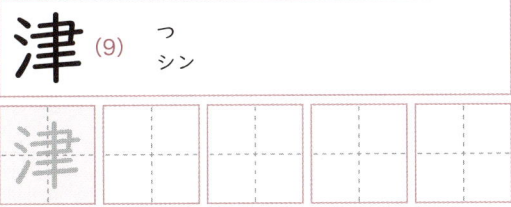

地震で津波が発生する
津波警報が出たらすぐ逃げる
彼の話に興味津々だ

荒 (9) あ-れる　あ-らす　あら-い / コウ
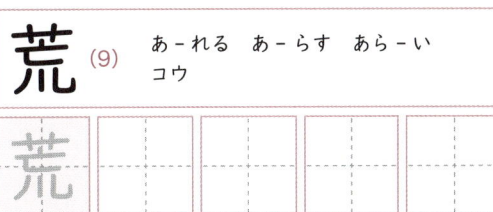

海が荒れる　荒れ地　肌荒れ
犬が庭を荒らす　波が荒い　荒天

激 (16) はげ-しい / ゲキ
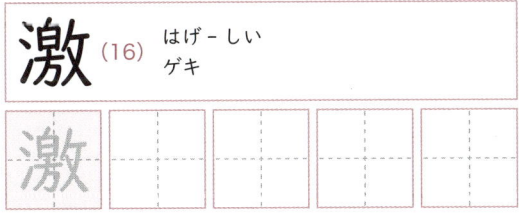

激しい雨　激しい競争　犯罪の激増
株の急激な下落　感激　刺激を与える
首相が選手団を激励する

吹 (7) ふ-く / スイ
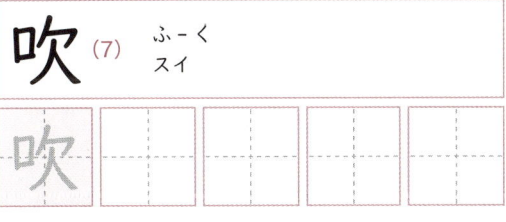

そよ風が吹く　口笛を吹く
映画の吹き替え版　吹そう楽

ボランティア

Volunteer
志愿者
Tình nguyện

援 (12) エン

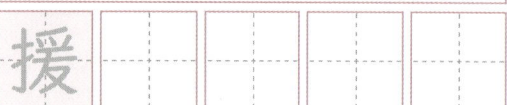

被災地支援　救援物資
ひさいちしえん　きゅうえんぶっし
チームを応援する　応援団　後援会
　　　おうえん　　おうえんだん　こうえんかい
援助　声援を送る
えんじょ　せいえん　おく

避 (16) さ-ける / ヒ

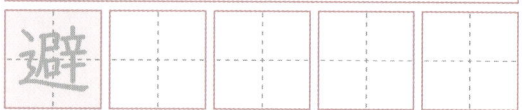

危険を避ける　人目を避ける
きけん　さ　　ひとめ　さ
公表を避ける　安全な場所へ避難する
こうひょう　さ　あんぜん　ばしょ　ひなん
避難所　責任を回避する　避暑地
ひなんじょ　せきにん　かいひ　　ひしょち

埋 (10) う-める / う-まる / う-もれる / マイ

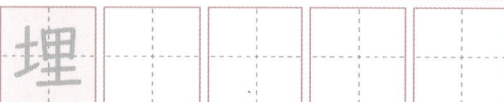

宝物を庭に埋める　電線を地中に埋める
たからもの　にわ　う　でんせん　ちちゅう　う
席が埋まる　家が土砂に埋もれる
せき　う　　いえ　どしゃ　う
石油の埋蔵量
せきゆ　まいぞうりょう

泥 (8) どろ / デイ

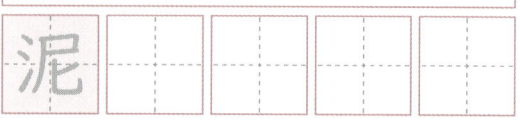

家の中の泥をかき出す　泥水　泥遊び
いえ　なか　どろ　　だ　　どろみず　どろあそ
家に泥棒が入った　泥酔する
いえ　どろぼう　はい　　でいすい

浮 (10) う-く / う-かれる / う-かぶ / う-かべる / フ

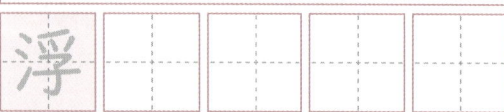

体が宙に浮く　川にごみが浮かぶ
からだ　ちゅう　う　　かわ　　　　う
首位に浮上する　目に涙を浮かべる
しゅい　ふじょう　　め　なみだ　う
浮かれた気分
う　　　きぶん
△浮世絵
うきよえ

沈 (7) しず-む / しず-める / チン

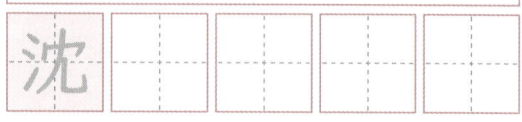

ダムの底に沈んだ村　船が沈没した
　　　そこ　しず　　むら　ふね　ちんぼつ
湯船に体を沈める　日が沈む　沈んだ声
ゆぶね　からだ　しず　　ひ　しず　　しず　　こえ

9章 復習

1. 漢字の読み方を書いてください。

① 200年ぶりに火山が噴火した。
② 被災地支援のボランティアをしている。
③ 連日の大雨により洪水の恐れがある。
④ 太平洋沿岸部に津波警報が発令された。
⑤ この地域では年に2回、防災訓練がある。
⑥ 空気が乾燥していて、のどが痛い。
⑦ 日本の夏は湿度が高い。
⑧ 地震によってビルが倒壊した。
⑨ 嵐が近づくにつれて風が強くなってきた。
⑩ 昨日からの大雨で近くのがけが崩れた。

2. 漢字を書いてください。

① 今回の台風によるひがいは計り知れない。
② パソコンがこわれたので、修理に出した。
③ 強風で大木がかたむいた。
④ 台風のえいきょうで電車が止まっている。
⑤ 9月になって、日がしずむのが早くなってきた。
⑥ 1時間に50ミリのはげしい雨が降った。
⑦ 彼女は目に涙をうかべている。
⑧ 携帯電話のでんぱが弱くて、相手の声が聞こえにくい。
⑨ 窓を開けると、すずしい風が入ってきた。
⑩ 大きな地震が起きたため、近くの学校へひなんした。

10章 社会-1

教育①

Education I / 教育① / Giáo dục ①

Society I / 社会 1 / Xã hội 1

講 (17) コウ

大学講師　講演を聞く
通信講座を受講する　講習会に参加する
対策を講じる

義 (13) ギ

納税の義務　正義の味方　定義　意義
義理の兄　義足　講義に出る

導 (15) みちび－く　ドウ

事業を成功に導く　解答を導く
最新システムを導入する
生徒指導　青少年を補導する
△盲導犬

専 (9) もっぱ－ら　セン

休日は専ら筋トレに励んでいる
専門学校に進学する
専門分野　専攻はドイツ文学だ
育児に専念する　女性専用車両

限 (9) かぎ－る　ゲン

人数を限る　子どもに限り入場無料
限定　一時限目の授業　最低限
入場制限　権限　体力の限界を超える

修 (10) おさ－まる　おさ－める　シュウ　シュ

学問を修める　修了証書　修士論文
修学旅行　必修科目　研修　修行
靴の修理
△素行が修まる

基本編　10章　社会-1

教育②
きょういく

Education 2
教育②
Giáo dục ②

述 (8)　の-べる　ジュツ

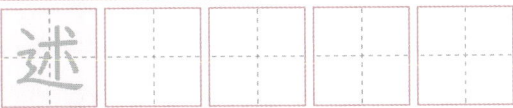

意見を述べる　記述試験　主語と述語
(いけん の)　(きじゅつしけん)　(しゅご じゅつご)

基 (11)　もと　もとい　キ

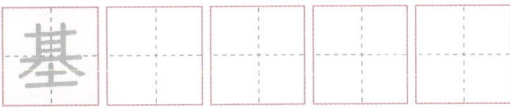

事実に基づいた話
(じじつ もと はなし)
調査結果を基に考察する
(ちょうさけっか もと こうさつ)
基本を身につける　基本的人権
(きほん み)　(きほんてきじんけん)
基金を運用する　採点基準　基地
(ききん うんよう)　(さいてんきじゅん)　(きち)
△国の基を定める
(くに もとい さだ)

博 (12)　ハク　バク

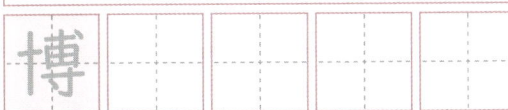

博物館　博士号を取得する　医学博士
(はくぶつかん)　(はくしごう しゅとく)　(いがくはくし)
博学　博愛の精神
(はくがく)　(はくあい せいしん)
△賭博
(とばく)

将 (10)　ショウ

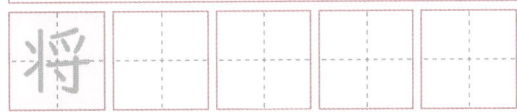

チームの主将　将軍　戦国武将　王将
(しゅしょう)　(しょうぐん)　(せんごくぶしょう)　(おうしょう)
将来の目標
(しょうらい もくひょう)

塾 (14)　ジュク

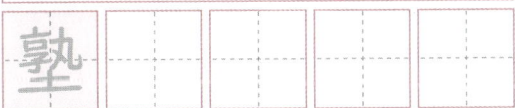

子どもを塾に通わせる　塾講師　学習塾
(こ じゅく かよ)　(じゅくこうし)　(がくしゅうじゅく)
塾生
(じゅくせい)

簿 (19)　ボ

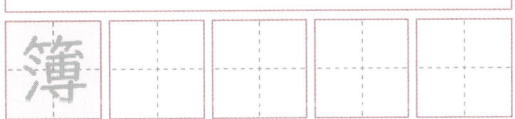

名簿に名前を記入する　出席簿　帳簿
(めいぼ なまえ きにゅう)　(しゅっせきぼ)　(ちょうぼ)
家計簿を付ける　簿記二級
(かけいぼ つ)　(ぼきにきゅう)

法律①
ほうりつ

Law 1
法律①
Luật pháp ①

法 (8) ホウ ハッ ホッ

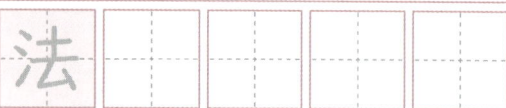

法令 法学部 立法機関 六法全書
ほうれい ほうがくぶ りっぽうきかん ろっぽうぜんしょ
法務省 文法 方法
ほうむしょう ぶんぽう ほうほう
△法被 △法華
はっぴ ほっけ

律 (9) リツ リチ

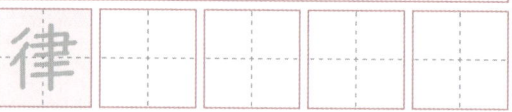

法律 自分自身を律する 自律学習
ほうりつ じぶんじしん りっ じりつがくしゅう
律儀な人 一律に10万円を給付する
りちぎ ひと いちりつ まんえん きゅうふ

規 (11) キ

規律を守る 規格 規格外 大規模
きりつ まも きかく きかくがい だいきぼ
新規 定規
しんき じょうぎ

則 (9) ソク

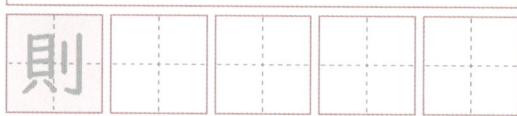

法則 規則 原則 反則
ほうそく きそく げんそく はんそく
変則的なスケジュール
へんそくてき

禁 (13) キン

駐車禁止 激しい運動を禁じる 禁煙
ちゅうしゃきんし はげ うんどう きん きんえん
禁酒
きんしゅ

許 (11) ゆる-す キョ

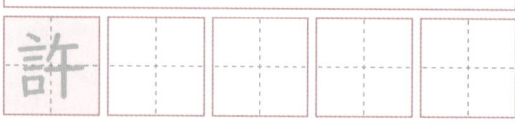

入国を許す 相手の過ちを許す
にゅうこく ゆる あいて あやま ゆる
入学許可証 特許
にゅうがくきょかしょう とっきょ
多少のミスは許容する
たしょう きょよう

基本編　10章　社会 - 1

警察
けいさつ

Police
警察
Cảnh sát

警 (19) ケイ

警告　警備を強化する　大雨洪水警報
けいこく　けいび　きょうか　おおあめこうずいけいほう
周囲を警かいする
しゅうい　けい

察 (14) サツ

花の観察　病院で診察を受ける　考察
はな　かんさつ　びょういん　しんさつ　う　こうさつ
気持ちを察する　警察官
きも　さっ　けいさつかん

署 (13) ショ

警察署の署長　消防署　税務署　署員
けいさつしょ　しょちょう　しょうぼうしょ　ぜいむしょ　しょいん
部署　書類に署名する
ぶしょ　しょるい　しょめい
△自署
じしょ

捕 (10) つか－まる　つか－まえる　と－らわれる　と－る　と－らえる　ホ

虫を捕まえる　ボールを捕る
むし　つか　と
犯人をたい捕する　若者の心を捕らえる
はんにん　ほ　わかもの　こころ　と
警察に捕まる　敵に捕らわれる
けいさつ　つか　てき　と

訓 (6) クン

警察犬の訓練　防災訓練を行う
けいさつけん　くんれん　ぼうさいくんれん　おこな
震災の教訓を伝える
しんさい　きょうくん　つた
わが家に伝わる家訓　音読みと訓読み
や　つた　かくん　おんよ　くんよ

乱 (7) みだ－れる　みだ－す　ラン

風で髪が乱れる　頭が混乱する
かぜ　かみ　みだ　あたま　こんらん
列を乱す　規律を乱す　乱雑　散乱
れつ　みだ　きりつ　みだ　らんざつ　さんらん
乱暴な人　反乱
らんぼう　ひと　はんらん

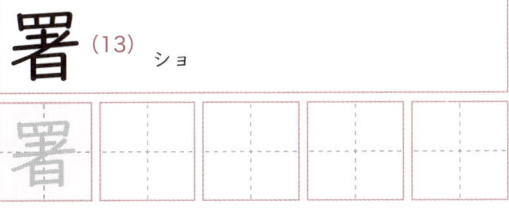
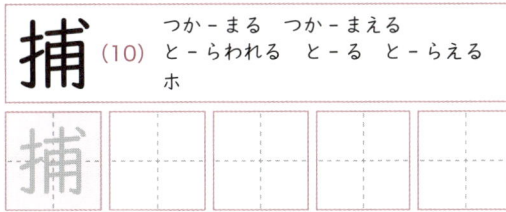

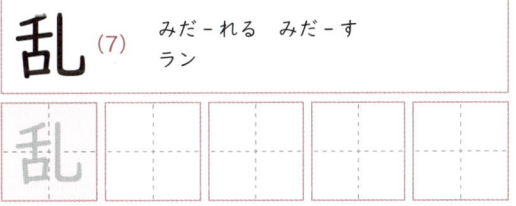

社会
しゃかい

Society
社会
Xã hội

産 (11) うーまれる うーむ うぶ / サン

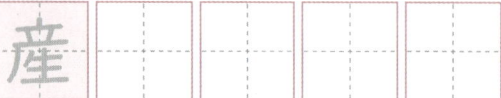

子犬が産まれた　子どもを産む　出産
こいぬ　う　　　　こ　　　　う　　しゅっさん
生産者　財産　不動産　産業　倒産
せいさんしゃ　ざいさん　ふどうさん　さんぎょう　とうさん
産声
うぶごえ

農 (13) ノウ

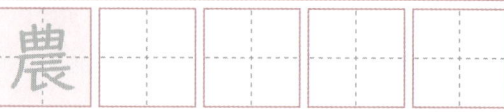

農業　農村　農家　農民　農薬　農学部
のうぎょう　のうそん　のうか　のうみん　のうやく　のうがくぶ

貧 (11) まずーしい / ヒン ビン

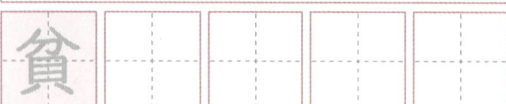

暮らしが貧しい　貧ぼう　貧困
く　　　まず　　　びん　　ひんこん
心が貧しい　貧血　貧弱
こころ　まず　ひんけつ　ひんじゃく

富 (12) とーむ とみ / フ フウ

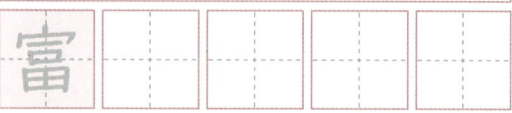

四季の変化に富む　経験に富む
しき　へんか　と　　けいけん　と
富と名声　貧富　富士山
とみ　めいせい　ひんぷ　ふじさん
△富貴
　ふうき

豊 (13) ゆたーか / ホウ

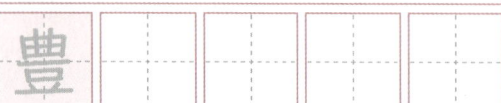

豊作　資源が豊富な国　才能豊かな画家
ほうさく　しげん　ほうふ　くに　さいのうゆた　がか
緑豊かな森
みどりゆた　もり

等 (12) ひとーしい / トウ

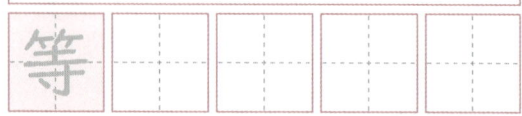

大きさが等しい　同等　対等　平等
おお　　　ひと　　どうとう　たいとう　びょうどう
ケーキを等分に切る　均等　上等な品
　　　とうぶん　き　きんとう　じょうとう　しな
等身大
とうしんだい

10章 復習

1. 漢字の読み方を書いてください。

① 税金を納めるのは国民の義務だ。
② 週に3回、塾講師のアルバイトをしている。
③ 男女を問わず、平等にチャレンジする機会を与える。
④ この高校は規則が厳しいことで有名だ。
⑤ 彼の努力がそのプロジェクトを成功に導いた。
⑥ 名簿で参加者の出欠を確認する。
⑦ 健康のため、しばらく禁酒することにした。
⑧ 記述試験とレポートで成績が決まる。
⑨ 都市部と農村部で貧富の差が広がっている。
⑩ この映画は事実に基づいて作られたそうだ。

2. 漢字を書いてください。

① 今月末までに、しゅうし論文を書き上げなければならない。
② ほうがくぶに進学して、将来弁護士になるつもりだ。
③ 今朝うまれた子犬に「ハナコ」と名づけた。
④ この先、きょかしょうがない人は入れません。
⑤ 料理のせんもん学校を卒業して、レストランに就職した。
⑥ 隣国ではんらんが起こったという一報が入った。
⑦ はくぶつかんの前には長い行列ができていた。
⑧ 心をゆたかにするために本を読みましょう。
⑨ 父にあこがれて、私も兄もけいさつかんになった。
⑩ 大地震のきょうくんを活かして、防災グッズを準備した。

9章・10章 アチーブメントテスト

【1】次の文の下線をつけた言葉の読み方を①～④の中から選び、番号を書いてください。

1. 祝日は<u>法律</u>で定められている。
   ①ほっりつ　　②ほうりち　　③ほうりつ　　④はっりつ

2. 地球温暖化を<u>防ぐ</u>ために、さまざまな対策が立てられている。
   ①いそぐ　　②ふせぐ　　③ふさぐ　　④しのぐ

3. 山田さんは<u>豊富</u>な経験から、いつも的確なアドバイスをくれる。
   ①ほふな　　②ほうふな　　③ほぷな　　④ほうぷな

4. 子どものころ、近くの林で友達とよく虫を<u>捕まえて</u>遊んだものだ。
   ①つかまえて　　②ほまえて　　③つがまえて　　④ふまえて

5. <u>荒天</u>につき、本日の試合は順延となった。
   ①こてん　　②あらてん　　③あらて　　④こうてん

1.	2.	3.	4.	5.

【2】次の文の下線をつけた言葉の漢字を①～④の中から選び、番号を書いてください。

1. 日本人の書いた小説が海外で多くの<u>はんきょう</u>を呼んでいる。
   ①批評　　②影響　　③評判　　④反響

2. この地震による<u>つなみ</u>の心配はありません。
   ①津並　　②津波　　③洪水　　④律並

3. <u>かんそう</u>注意報が発表され、火の取り扱いに対する注意が呼びかけられた。
   ①完走　　②感想　　③乾燥　　④官装

4. ゼミでお世話になった教授の<u>こうえん</u>を聞きに行った。
   ①公演　　②講演　　③後援　　④好演

5. 会社を辞めて、<u>のうぎょう</u>を始める若者が増えてきている。
   ①農業　　②豊形　　③農形　　④豊業

1.	2.	3.	4.	5.

【3】①～⑳の下線部の漢字または読み方を書いてください。

　私は高校生のとき、①防災②講座を受けた。その講座では、まず③地震が起こったときの対応を学んだ。私は建物が④とうかいするイメージしか持っていなかったが、料理中のコンロの⑤炎が火事につながると初めて知った。
　また、大雨で⑥こうずいや土砂⑦くずれが起こったときにどうすればいいか、対応や対策なども詳しく教えてくれた。他にも初めて聞くことが多くて、とても勉強になった。
　講座の終わりには、市の⑧けいさつや⑨消防とともに消火⑩くんれんや地震体験が行われた。⑪しんど7の地震が体験できる車に乗ったときは、全く立つことができなくて本当に恐ろしかった。このことがきっかけで、自然⑫災害に関心を持った私は、防災を学ぶことができる大学に進学した。

　あれから4年が経ち、もうすぐ大学を卒業する。先日卒業論文を提出した。さまざまなデータを集めて、それに⑬基づいた⑭こうさつを論文にするのはとても大変だったが、提出したときはこれまでの苦労が思い起こされ、涙が出た。最後まで⑮導いてくださった田中教授には本当に感謝している。
　春から大学院に進学する。田中教授の⑯しどうを受けながら、⑰修士論文をまとめるつもりだ。両親も⑱おうえんしてくれている。
　⑲しょうらいは、防災の⑳せんもん家として地域の人々の役に立ちたい。

①	②	③	④
⑤	⑥	⑦	⑧
⑨	⑩	⑪	⑫
⑬	⑭	⑮	⑯
⑰	⑱	⑲	⑳

9章・10章 クイズ

【1】下線の漢字にはまちがいがあります。例のように正しい漢字に直してください。

例) 共水で多くの家が流された。 → 洪水

1. 貝血で倒れて、救急車で運ばれた。 → □血
2. 彼と対寺に話せるのは、木村さんしかいない。 → 対□
3. 私は今、専物館で学芸員として働いている。 → □物館
4. 母は毎日家計薄を付けている。 → 家計□
5. 父は医者に激しい運動を林じられている。 → □じられて
6. そよ風が欠いて気持ちがいい。 → □いて

【2】A、Bの□から漢字を一つずつ選んで組み合わせて、言葉を作ってください。そして、（　）に読み方も書いてください。

1. 親は子どもに9年間の教育を受けさせるという□□を負っている。（　　　）
2. こちらの書類に□□をお願いいたします。（　　　）
3. この現象の□□を見いだすのは容易なことではない。（　　　）
4. 激しい雨の中、大きな□□がとどろいた。（　　　）
5. 久しぶりの飲み会で□□した友達を家まで送った。（　　　）
6. 応援しているチームがついに首位に□□した。（　　　）

A	雷	義	沈	泥	署	法	許	浮
B	避	酔	務	名	則	上	鳴	埋

9章・10章　クイズ

【3】空欄に入る漢字を□の中から選んで書いてください。そして、□に残った漢字（使わなかった漢字）で言葉を作ってください。

被		暑		出
災(例)	難		倒	
	蔵	記	特	
貧	血		語	可
	砂			度

述　料　噴　清　傾
飲　埋　涼　富　嵐
許　湿　避　産　災

【答え】

【4】次の漢字は反転しています。そして、間違っています。向きを直し、正しい漢字を書いてください。

| 例) 刘 | ① 忩 | ② 荒 |
| ③ 㥧 | ④ 嗣 | ⑤ 㘜 |

| 例) 将 | ① | ② |
| ③ | ④ | ⑤ |

【5】□にあてはまる漢字を書いてください。

① 感／刺□励／増
② 新／定□律／格
③ 反／混□雑／暴
④ 制／権□定／界

基本編 まとめテスト

【1】次の文の下線をつけた言葉の読み方を①〜④の中から選び、番号を書いてください。

1. 今も脳裏にふるさとの美しい光景が焼きついている。
   ①のろ　　②のうろ　　③のり　　④のうり

2. ここ10年でインターネットの普及率は70％を超えた。
   ①ふつう　　②ふくう　　③ふきゅう　　④ふこう

3. 国会図書館では600万冊以上の蔵書を管理している。
   ①ぞうしょ　　②とうしょ　　③そうしょ　　④じょうしょ

4. お客様にていねいに説明して、やっと納得してもらった。
   ①せっとく　　②なっとく　　③のうとく　　④ないとく

5. 海底火山の噴火で噴き出した軽石が、2か月かけて沖縄に流れ着いた。
   ①しんか　　②ほうか　　③ふんか　　④こうか

| 1. | 2. | 3. | 4. | 5. |

【2】次の文の下線をつけた言葉の漢字を①〜④の中から選び、番号を書いてください。

1. 会議室では、朝から活発なぎろんが続いている。
   ①議輸　　②議論　　③戯論　　④義論

2. ひとり親家庭のひんこんが今、社会問題となっている。
   ①貧困　　②皮固　　③貧囲　　④疲因

3. しょうたい状を送る前に、名前をもう一度チェックしてください。
   ①紹介　　②商待　　③招待　　④紹対

4. 人前で話すときは、いつもきんちょうしてしまう。
   ①緊張　　②禁張　　③堅張　　④緊帳

5. わたしが一番そんけいする人物は、父方の祖父だ。
   ①尊重　　②損敬　　③尊敬　　④損厳

| 1. | 2. | 3. | 4. | 5. |

基本編 まとめテスト

【3】①～㉚の下線部の漢字または読み方を書いてください。

〈新しい生活〉

結婚してから5年近く住んでいたアパートの①家賃が②ねあげされることになり、③引っ越すことに決めた。もうすぐここを④離れると思うと、いろいろな思い出がよみがえってくる。

このアパートの近くには⑤みなとがあり、⑥漁から⑦もどってきた船で毎朝にぎわっていた。おかげで新鮮でおいしい魚を手に入れることができたし、時々⑧吹く海風も心地よかった。しかし、この辺りがにぎわいを取りもどしたのも最近のことで、10年前に起こった⑨地震による⑩つなみの⑪影響で多くの人が家や船を失ったそうだ。そのときのことを思うと⑫むねが苦しくなる。

新しい部屋は⑬雑誌やインターネットの⑭ひょうばんを⑮参考にしながら探した。⑯不動産屋に⑰入居者⑱ぼしゅう中のマンションを実際に見せてもらった。いくつも見てまわって、やっといい部屋が見つかった。今度のところは⑲けいさつしょが近くて治安が良さそうなところや、他の物件と⑳比較すると日当たりが良く、明るい㉑いんしょうの部屋だったことが決め手だった。それに、不動産屋の担当者も㉒対応が良く、㉓しんらいできたので、すぐにその部屋を㉔けいやくした。駅からは少し遠くなったが、㉕けんこうのために歩けばいいと思った。

週末、引っ越しの準備をしていると、不動産屋から電話があった。担当者によると、家賃の㉖支払いは管理費と一緒に銀行㉗振込で行わなければならないそうだ。忙しくて、なかなか銀行に行けそうもないので、口座振替を㉘申し込むつもりだ。

そういえば、会社の㉙先輩が㉚にわ付きの一戸建てを購入すると言っていた。確かによく考えてみると、毎月家賃を払うのはもったいない気がする。私も「夢のマイホーム」のために今から少しずつ貯金することにしよう。

①	②	③	④	⑤
⑥	⑦	⑧	⑨	⑩
⑪	⑫	⑬	⑭	⑮
⑯	⑰	⑱	⑲	⑳
㉑	㉒	㉓	㉔	㉕
㉖	㉗	㉘	㉙	㉚

漢字マスター 改訂版
N2
Kanji for high-intermediate level

挑戦編
ちょう　せん　へん

字

11章 生活-2　住宅①

Life 2 / 生活 2 / Cuộc sống 2
Housing 1 / 住宅① / Nhà ở ①

畳 (12) たた-む　たたみ　ジョウ

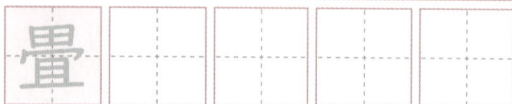

畳　六畳間　布団を畳む　傘を畳む
石畳を歩く　店を畳む

床 (7) とこ　ゆか　ショウ

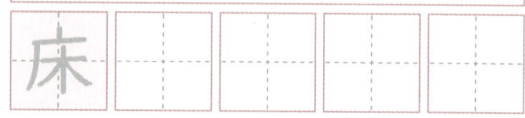

床　モップで床をふく　床につく
6時起床　病床　床の間に生け花を飾る
床屋

軒 (10) のき　ケン

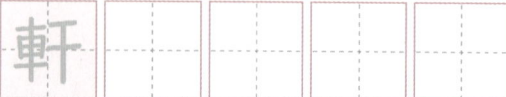

軒先に花を飾る
軒下につばめが巣を作った　軒を連ねる
軒並み　一軒　数軒の家

玄 (5) ゲン

玄関から家に入る　玄米

壁 (16) かべ　ヘキ

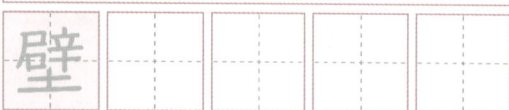

壁に絵を掛ける　壁紙　古代の壁画
城壁　鉄壁　記録の壁を破る　絶壁
岸壁に波が打ち寄せる

廊 (12) ロウ

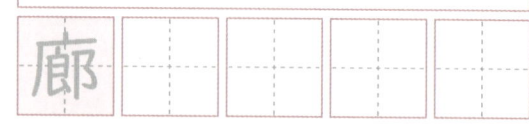

長い廊下　画廊で絵の個展を開く
寺院の回廊

挑戦編　11章　生活-2

住宅②
じゅうたく

Housing 2
住宅②
Nhà ở ②

寮 (15)　リョウ

大学の寮　寮生活　社員寮　独身寮
だいがく りょう　りょうせいかつ　しゃいんりょう　どくしんりょう
入寮
にゅうりょう

隣 (16)　とな-る　となり　リン

隣の家　右隣　両隣　席が隣り合う
となり いえ　みぎどなり　りょうどなり　せき とな あ
アパートの隣室　公園に隣接する　近隣
りんしつ　こうえん りんせつ　きんりん

敷 (15)　し-く　フ

布団を敷く　敷物を持参する　座敷
ふとん し　しきもの じさん　ざしき
敷金
しききん
△鉄道を敷設する
てつどう ふせつ

狭 (9)　せば-まる　せば-める　せま-い　キョウ

道幅が狭まる　範囲を狭める　狭い玄関
みちはば せば　はんい せば　せま げんかん
世間は狭い　心が狭い　狭苦しい部屋
せけん せま　こころ せま　せまくる へや
狭小住宅
きょうしょうじゅうたく
△手狭
てぜま

荘 (9)　ソウ

週末に別荘へ行く　山荘
しゅうまつ べっそう い　さんそう

奥 (12)　おく　オウ

家の奥　ジャングルの奥地　山奥　奥歯
いえ おく　おくち　やまおく　おくば
心の奥底　奥様
こころ おくそこ　おくさま
△奥義
おうぎ

贈り物
おくりもの

Present
赠礼
Quà tặng

封 (9) フウ ホウ

手紙の封を切る　開封する　写真を同封する
今週末封切りの映画　封書
△封建制度

筒 (12) つつ トウ

卒業証書の筒　声が筒抜けだ
現金を封筒に入れる　水筒を持ち歩く
円筒形のビル

歳 (13) サイ セイ

15歳　何歳　歳末　歳月が過ぎる
うれしさのあまり万歳する
お歳暮を贈る

暮 (14) く－れる く－らす ボ

日が暮れる　夕暮れ　年の暮れ
母と暮らす　一人暮らし　思案に暮れる
△日暮

宛 (8) あ－てる

宛先　宛名　母に宛てて手紙を書く

菓 (11) カ

お菓子　和菓子　洋菓子　製菓会社
△茶菓

挑戦編　11章　生活-2

調味料
ちょうみりょう

Seasoning
调味料
Gia vị

詰 (13)　つ-まる　つ-める　つ-む　キツ

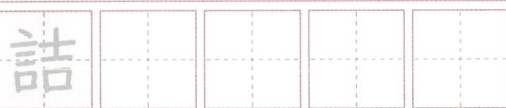

予定が詰まる　鼻が詰まる　箱に詰める
よてい　つ　　はな　つ　　はこ　つ
荷物を詰め込む　目が詰んだ布　缶詰
にもつ　つ　こ　　め　つ　　ぬの　かんづめ
詰問する
きつもん

瓶 (11)　ビン

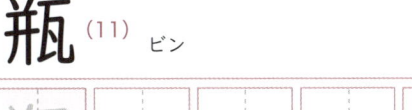

ビール瓶　花瓶　空き瓶　ガラス瓶
びん　かびん　あ びん　びん
瓶詰のジャム
びんづめ

粒 (11)　つぶ　リュウ

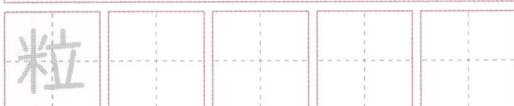

米粒　大粒の雨　雨粒　粒あん
こめつぶ　おおつぶ　あめ　あまつぶ　つぶ
粒がそろう　粒子が細かい　ぶどう一粒
つぶ　　りゅうし　こま　　　　　　ひとつぶ

酢 (12)　す　サク

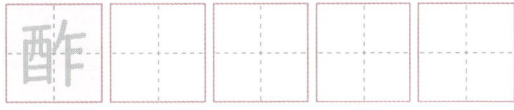

酢　甘酢　酢の物
す　あまず　す　もの
△酢酸
さくさん

糖 (16)　トウ

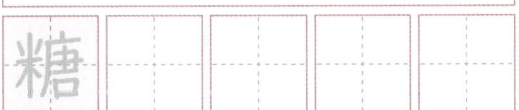

砂糖　糖分をひかえる　果糖
さとう　とうぶん　　　　かとう
無糖のコーヒー　血糖値が高い
むとう　　　　　　けっとうち　たか

辛 (7)　から-い　シン

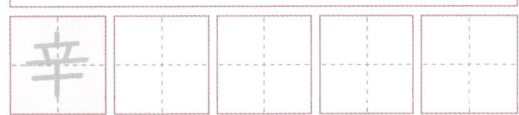

辛い食べ物　辛口　香辛料を入れる
から　た　もの　からくち　こうしんりょう　い
辛抱する　評価が辛い
しんぼう　　ひょうか　から

交通③
こうつう

Transportation 3
交通③
Giao thông ③

渋 (11) しぶ-る　しぶ-い　しぶ　ジュウ

渋いお茶　返事を渋る
しぶ　ちゃ　へんじ　しぶ
お金を出すのを渋る　苦渋を味わう
かね　だ　しぶ　くじゅう　あじ
柿の渋　渋い色のネクタイ
かき　しぶ　しぶ　いろ

滞 (13) とどこお-る　タイ

仕事が滞る　家賃の支払いが滞る
しごと　とどこお　やちん　しはら　とどこお
交通渋滞　保険料を滞納する
こうつうじゅうたい　ほけんりょう　たいのう
景気が停滞する　2週間滞在する
けいき　ていたい　しゅうかんたいざい

街 (12) まち　ガイ　カイ

街を歩く　市街地　商店街で買い物する
まち　ある　しがいち　しょうてんがい　か　もの
街頭演説をする　街道
がいとうえんぜつ　かいどう

往 (8) オウ

家と会社を往復する　往復はがき
いえ　かいしゃ　おうふく　おうふく
医者に往診を頼む
いしゃ　おうしん　たの
往路と復路で経路が異なる
おうろ　ふくろ　けいろ　こと
車の往来が激しい　右往左往する
くるま　おうらい　はげ　うおうさおう

距 (12) キョ

東京から富士山までの距離　距離がある
とうきょう　ふじさん　きょり　きょり
遠距離恋愛　長距離ランナー
えんきょりれんあい　ちょうきょり
距離をおいて付き合う
きょり　つ　あ

灯 (6) ひ　トウ

ランプに灯をともす　12時に消灯する
ひ　じ　しょうとう
イルミネーションの点灯式　電灯　街灯
てんとうしき　でんとう　がいとう
灯台
とうだい

11章 復習

1. 漢字の読み方を書いてください。

① 荷物を段ボールに詰め込む。
② お歳暮を買いにデパートへ行く。
③ 一度温泉旅館の畳の部屋に泊まりたい。
④ 来客があるので、花瓶に花をいけた。
⑤ 事故による渋滞で約束の時間に遅れてしまった。
⑥ 危ないので、廊下を走ってはいけない。
⑦ この病院は9時に消灯する。
⑧ この商店街は何でもあって買い物しやすい。
⑨ いろいろな香辛料を入れてカレーを作る。
⑩ 新しいアパートを借りるために敷金を払う。

2. 漢字を書いてください。

① 今回の合宿は5時きしょう、5時半朝食だ。
② 祖母が好きだったおかしをお供えに持っていった。
③ 学生時代は実家を出て、りょうに住んでいた。
④ 荷物が増えて部屋がせまくなった。
⑤ ふうとうに住所と名前を書く。
⑥ おくばの治療のために、歯医者を予約した。
⑦ 割安なおうふく切符を購入することにした。
⑧ 毎年、夏はべっそうで過ごすことが多い。
⑨ となりの家は大きな犬を飼っている。
⑩ 自宅から駅まで、かなりのきょりがある。

12章 働く　ビジネスマン②

Business Person 2
商人②
Doanh nhân ②

Work
工作
Làm việc

携 (13)　たずさ-える　たずさ-わる　ケイ

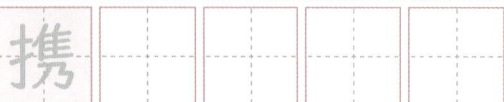

おみやげを携える　手を携える
プロジェクトに携わる　携帯電話
他部署と連携を図る

即 (7)　ソク

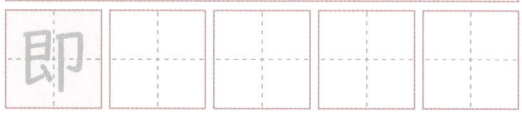

計画を即実行する　質問に即答する
即断即決　即戦力となる人材
△一触即発

稼 (15)　かせ-ぐ　カ

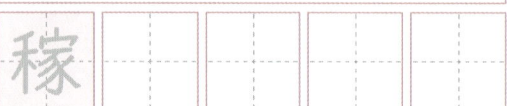

働いてお金を稼ぐ　時間を稼ぐ
稼ぎが少ない　出稼ぎ　稼業
△稼働／稼動

需 (14)　ジュ

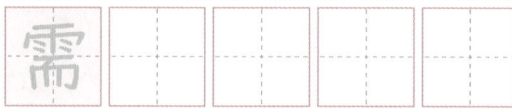

生活必需品　需要と供給

拒 (8)　こば-む　キョ

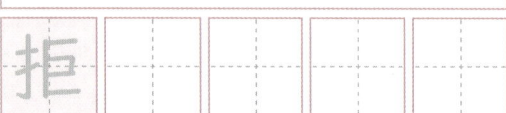

入院を拒む　不当な要求を拒否する
登校拒否　拒絶反応

厳 (17)　きび-しい　おごそ-か　ゲン　ゴン

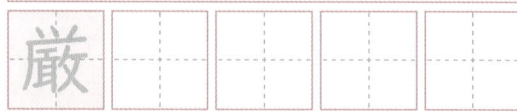

厳しい先生　厳しい規則　寒さが厳しい
厳重注意　厳密に検査する
厳格な家庭に育つ　厳かな雰囲気
△荘厳な音楽

挑戦編　12章　働く

コピー

Copy
复印
Copy

刷 (8)　す-る　サツ

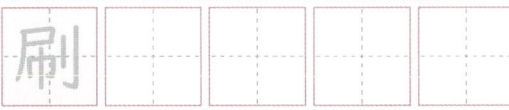

新聞を刷る　ポスターを印刷する
しんぶん　す　　　　　　　　いんさつ
制度を刷新する　二色刷り
せいど　さっしん　　にしょくず

枠 (8)　わく

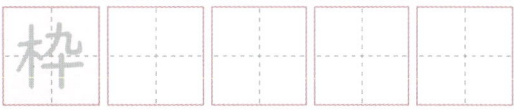

窓枠　枠組み　予算枠　枠で囲む
まどわく　わくぐ　よさんわく　わく　かこ
枠にはまった考え方
わく　　　　　かんが　かた

縦 (16)　たて　ジュウ

縦と横をそろえる　縦書き　縦社会
たて　よこ　　　　　たてが　　たてしゃかい
日本列島縦断
にほんれっとうじゅうだん
△縦横無尽
じゅうおうむじん

斜 (11)　なな-め　シャ

斜め後ろの席　世の中を斜めに見る
なな　うし　せき　よ　なか　なな　み
新聞の斜め読み　斜線を引く　斜面
しんぶん　なな　よ　　しゃせん　ひ　　しゃめん
傾斜が急な坂道
けいしゃ　きゅう　さかみち

端 (14)　はし　は　はた　タン

道の端を歩く　道端　端数を切り捨てる
みち　はし　ある　みちばた　はすう　き　す
先端技術　極端な意見　事件の発端
せんたんぎじゅつ　きょくたん　いけん　じけん　ほったん

隅 (12)　すみ　グウ

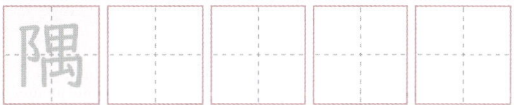

部屋の隅　片隅　隅におけない人
へや　すみ　かたすみ　すみ　　　　　ひと
△都会の一隅
とかい　いちぐう

111

様子を表す言葉②

Words Describing Situations 2
表现状态的词语②
Từ chỉ trạng thái ②

堅 (12) かた－い / ケン

堅い材木　守りが堅い　口が堅い
堅い約束　堅実な方法

硬 (12) かた－い / コウ

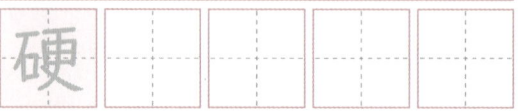

硬い石　表情が硬い　硬い表現
百円硬貨　強硬な意見

鋭 (15) するど－い / エイ

鋭いナイフ　鋭利な刃物　鋭い指摘
目つきが鋭い　鋭角

鈍 (12) にぶ－る　にぶ－い / ドン

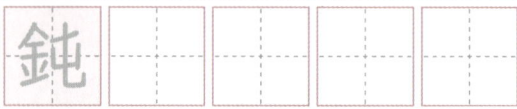

ナイフの切れが鈍い　体の動きが鈍い
頭の働きが鈍る　反応が鈍い　鈍感な人

詳 (13) くわ－しい / ショウ

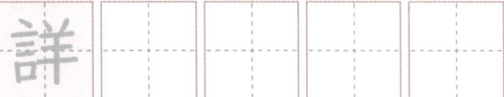

詳しい解説　詳しく説明する
事件の詳細　年齢不詳

簡 (18) カン

簡単な試験問題　手続きを簡略化する
簡易ベッド　書簡を送る

挑戦編　12章　働く

様子を表す言葉③

Words Describing Situations 3
表现状态的词语③
Từ chỉ trạng thái ③

頑 (13)　ガン

頑固な性格　頑じょうな体
△頑張る

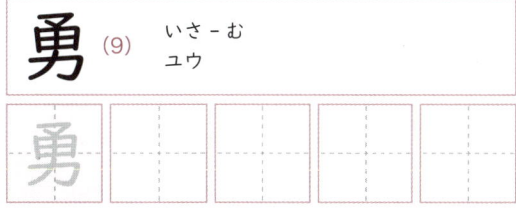

勇 (9)　いさ-む　ユウ

勇んで出ていく　勇ましい人
勇気がある　勇かんな行為　勇者

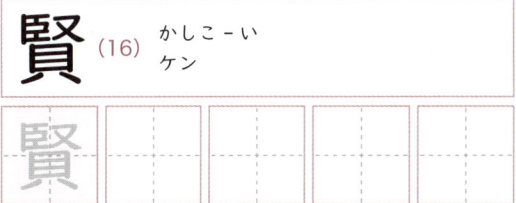

賢 (16)　かしこ-い　ケン

賢い人物　賢明な判断　賢者　賢人
良妻賢母

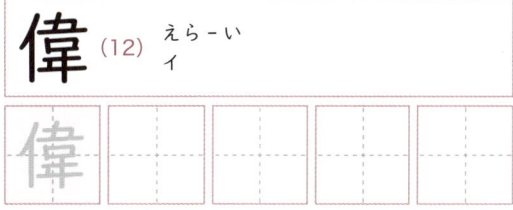

偉 (12)　えら-い　イ

偉い学者　偉人　偉大な業績を残す

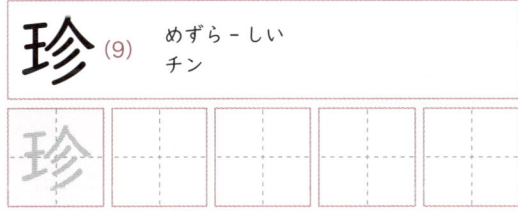

珍 (9)　めずら-しい　チン

珍しい食べ物　珍しく家にいる　珍品
珍味　珍重

ファッション②

Fashion 2
时尚②
Thời trang ②

帽 (12) ボウ

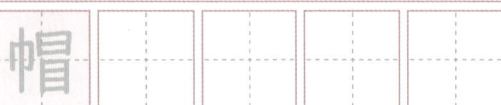
麦わら帽子　ベレー帽
（むぎ　ぼう　し）　（　　ぼう）
彼の腕前には脱帽する
（かれ　うでまえ　　だっぽう）

傘 (12) かさ / サン

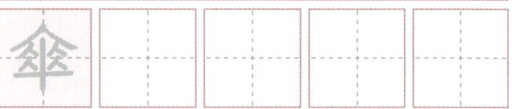
傘をさす　傘立て　雨傘　日傘
（かさ）　（かさ　た）（あまがさ）（ひがさ）
折りたたみ傘　大企業の傘下に入る
（お　　　　がさ）（だいきぎょう　さんか　はい）

革 (9) かわ / カク

革のベルト　牛革　革製品
（かわ）　　（ぎゅうかわ）（かわせいひん）
電車のつり革　産業革命　技術革新
（でんしゃ　　かわ）（さんぎょうかくめい）（ぎじゅつかくしん）

靴 (13) くつ / カ

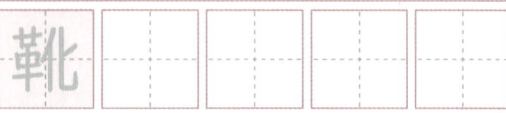
靴をはく　靴下　革靴　長靴
（くつ）　（くつした）（かわぐつ）（ながぐつ）
△製靴業を営む
（せいかぎょう　いとな）

柄 (9) がら・え / ヘイ

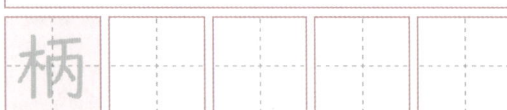
花柄のワンピースを着る　人柄　家柄
（はながら　　　　　　　き）（ひとがら）（いえがら）
傘の柄　横柄な人　柄の悪い男
（かさ　え）（おうへい　ひと）（がら　わる　おとこ）

装 (12) よそお-う / ソウ・ショウ

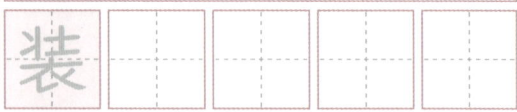
春の装いを楽しむ　服装　和装
（はる　よそお　　たの）（ふくそう）（わそう）
プレゼントを包装する　客を装う
（　　　　　　　ほうそう　　）（きゃく　よそお）
安全装置　舞台衣装
（あんぜんそうち）（ぶたいいしょう）

12章 復習

1. 漢字の読み方を書いてください。

① 犯人は客を装い、指輪をうばって逃走した。　①
② 即戦力となる人材を採用したい。　②
③ 彼は寝る時間もけずって働き、留学費用を稼いでいる。　③
④ 神前で厳かに結婚式が行われた。　④
⑤ 彼は化学界に偉大な業績を残し、ノーベル賞を受賞した。　⑤
⑥ 初対面の人と話すとき、緊張で表情が硬くなってしまう。　⑥
⑦ 珍しい名前なので、すぐ覚えてもらえる。　⑦
⑧ 部屋の隅にイヤリングが落ちていた。　⑧
⑨ 資料の大切なところを枠で囲んで、目印にする。　⑨
⑩ 彼は賢い人なので、同じ失敗はくり返さない。　⑩

2. 漢字を書いてください。

① 事件のしょうさいについては、まだ何もわかっていない。　①
② 先輩は仕事にきびしいが、信頼できる人だ。　②
③ 休日を家で過ごす人が増え、新型テレビのじゅようが高まっている。　③
④ 非常時に備え、チョコレートとあめをけいたいしている。　④
⑤ 石橋さんはひとがらが良く、皆に好かれている。　⑤
⑥ 麦わらぼうしをかぶっているのが私の母です。　⑥
⑦ 父は最近ますますがんこになってきた。　⑦
⑧ 会議前に資料を10部いんさつしておく。　⑧
⑨ 彼はかんがするどいので、言葉にしなくてもわかってしまう。　⑨
⑩ 梅雨の時期はいつも折りたたみがさを持ち歩いている。　⑩

11章・12章 アチーブメントテスト

【1】次の文の下線をつけた言葉の読み方を①〜④の中から選び、番号を書いてください。

1. 父は家の近くの<u>床屋</u>に30年以上通っている。
   ① とこや　　② しょうや　　③ ゆかや　　④ もくや

2. ルールを守らない学生に<u>厳重</u>に注意した。
   ① ごんじゅうに　　② げんじょうに　　③ げんちゅうに　　④ げんじゅうに

3. 最近、仕事が忙しく、家と会社を<u>往復</u>するだけの毎日だ。
   ① ほうふく　　② おうふく　　③ おうぷく　　④ ほうぷく

4. 面接がある日は、いつもより<u>服装</u>や身だしなみに気をつけている。
   ① ふくしょう　　② ふくしゅう　　③ ふくそう　　④ ふくせい

5. 夏休みは家族そろって<u>別荘</u>で過ごすことが多かった。
   ① べつそう　　② べっそう　　③ べっしゅう　　④ べっしつ

1.	2.	3.	4.	5.

【2】次の文の下線をつけた言葉の漢字を①〜④の中から選び、番号を書いてください。

1. 生活<u>ひつじゅ</u>品を買いにスーパーへ行った。
   ① 必要　　② 必受　　③ 必需　　④ 必渋

2. 大勢の前で緊張していたのか、彼はいつもより表情が<u>かた</u>かった。
   ① 固かった　　② 硬かった　　③ 型かった　　④ 難かった

3. 家賃を3か月分<u>たいのう</u>し、大家から退去を命じられた。
   ① 待納　　② 対応　　③ 滞納　　④ 滞欧

4. 台風は日本列島を<u>じゅうだん</u>し、各地に大きな被害をもたらした。
   ① 渋段　　② 縦断　　③ 渋断　　④ 縦段

5. 彼は生物化学の分野で<u>いだい</u>な業績を残した。
   ① 意大な　　② 違大な　　③ 偉大な　　④ 居大な

1.	2.	3.	4.	5.

【3】①〜⑳の下線部の漢字または読み方を書いてください。

お世話になった先生に贈る①お歳暮を買いに、週末、デパートへ行った。売り場にはフランスの②めずらしい食品が並んでいた。③おかし、④瓶詰めのジャム、⑤香辛料の⑥つぶが入ったドレッシングなどだ。

先生はお酒がお好きなので、フランス産の赤ワインに決めた。高級なものだったが、何とか⑦予算枠の中でおさまった。店員に⑧はながらの⑨ほうそうしで包んでもらい、⑩簡単なあいさつを書いたカードを⑪どうふうしてもらった。漢字で⑫宛先を書くのは難しかった。

それから、2階の雨具コーナーをのぞいた。いろいろな⑬傘が売られていたが、⑭柄の部分が⑮革製で、しゃれたデザインのものを買った。雨具コーナーには、雨の日用の⑯くつや⑰ぼうしなども置いてあり、見ていて楽しかった。

気づいたら日が⑱くれていたので、急いで帰ることにした。荷物が重く、デパートから家まで⑲きょりもあるので、タクシーに乗るか迷ったが、⑳渋滞で道が混んでいたので、がんばって歩いて帰った。

①	②	③	④
⑤	⑥	⑦	⑧
⑨	⑩	⑪	⑫
⑬	⑭	⑮	⑯
⑰	⑱	⑲	⑳

11章・12章 クイズ

【1】▭ から漢字を選び、言葉を完成させてください。また、〔　〕に〰〰の読み方も書いてください。

1. 社長の強▭な意見で、そのプロジェクトは中止になった。　〔　　　〕
2. ▭気を出して、好きな人に告白することにした。　〔　　　〕
3. ▭帯が壊れたので、新しいのを買った。　〔　　　〕
4. スキーで▭面をすべるのは気持ちがいい。　〔　　　〕
5. 彼女は▭固な性格で、一度言い出したら人の意見は聞かない。　〔　　　〕

勇　硬　堅　携　斜　頑　鋭

【2】ヒントを読んで、▭の中に入る言葉を漢字で書いてください。

1. ゴールデンウィークや年末、多くの人が車で出かけると、これが起こりがち。 ・・・・交通▭▭
2. 手紙を書いたあと、これに入れて切手を貼るよ。 ・・・・▭▭
3. きれいな花をもらったら、これに入れて飾りたいな。 ・・・・▭▭
4. 家を借りるときに、払うお金のこと。引っ越すときに少し戻ってくることもあるよ。 ・・・・▭▭
5. 技術が非常に進んでいること。最も新しい技術 ・・・・▭▭技術
6. 夏の暑さを防ぐためにかぶるもの。麦わらで編んである。 ・・・・麦わら▭▭

11章・12章　クイズ

【3】反対の意味になるように言葉を完成させてください。

1. 柔らかい（やわ）　⇔ _____　　2. 複雑（ふくざつ）　⇔ _____
3. 供給（きょうきゅう）　⇔ _____　　4. 横（よこ）　⇔ _____
5. 鋭い（するど）　⇔ _____　　6. 往路（おうろ）　⇔ _____

【4】鈴木（すずき）さんが理想（りそう）の家（いえ）について話（はな）しています。①〜⑥の漢字（かんじ）の読（よ）み方（かた）を書（か）いてください。また、②〜⑤は下（した）のイラストのどこにありますか。[　]に番号（ばんごう）を書（か）いてください。

①狭くてもいいから、和室がほしい。
　　　　　　　　　　　わしつ

②畳の部屋があると気持ちも落ち着くし、③床の間に
　へや　　　　　　きも　お つ　　　　とこ ま

花を飾るのもいいなと思って…。
はな かざ　　　　　　おも

あ、部屋の④壁は真っ白より温かみがあるアイボリーのほうが好みかも。
　　へや　　かべ　ま しろ　　あたた　　　　　　　　　　　　　　この

それと、⑤廊下の照明が明るすぎるのはちょっと…。
　　　　ろうか しょうめい あか

ダウンライトのほのかな⑥灯りぐらいが、ちょうどいいなあ。
　　　　　　　　　　あか

| ① | ② | ③ | ④ | ⑤ | ⑥ |

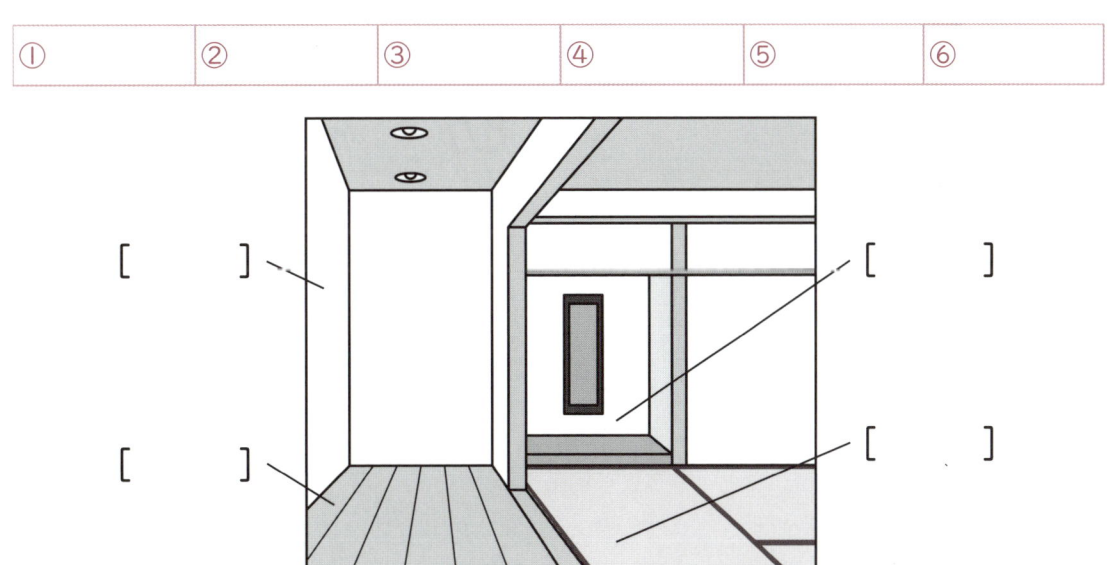

13章 健康-2　健康管理

Health 2 / 健康 2 / Sức khỏe 2
Health Control / 健康管理 / Quản lý sức khỏe

睡 (13) スイ

睡まにおそわれる　じゅく睡する
一睡もできない

眠 (10) ねむ-る　ねむ-い　ミン

ぐっすり眠る　深い眠り　眠気覚まし
眠い　睡眠　仮眠をとる　不眠に悩む
睡眠薬　永眠

喫 (12) キツ

自由を満喫する　喫茶店
敗北を喫する

煙 (13) けむ-る　けむり　けむ-い　エン

隣の家から煙が出ている
たばこの煙　部屋の中が煙い　喫煙所
館内禁煙　煙突　雨に煙る山

脂 (10) あぶら　シ

脂の多い肉　脂が乗っている　脂身
脂質　油脂　脂汗をかく

肪 (8) ボウ

おなかに脂肪がつく　体脂肪率を測る
脂肪分　低脂肪牛乳　植物性脂肪

挑戦編　13章　健康 - 2

出産
しゅっさん

Childbirth
生育
Sinh nở

妊(7) ニン

妊婦に席をゆずる　不妊治療を受ける
にんぷ せき　　ふにんちりょう う

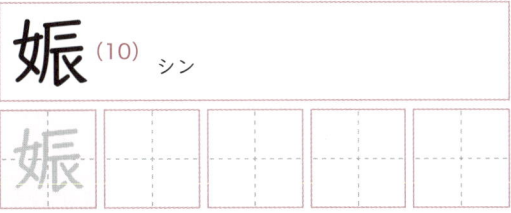

娠(10) シン

妊娠する　妊娠5か月の健診に行く
にんしん　　にんしん げつ けんしん い

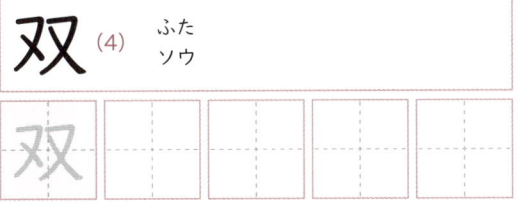

双(4) ふた／ソウ

双子の兄弟　一卵性双生児　双眼鏡
ふたご きょうだい　いちらんせいそうせいじ　そうがんきょう
双方の言い分　双方向
そうほう い ぶん　そうほうこう

誕(15) タン

誕生日おめでとう　誕生する
たんじょうび　　　　たんじょう
誕生パーティー　生誕100年
たんじょう　　　せいたん ねん

脈(10) ミャク

脈を取る　動脈　静脈　山脈　人脈
みゃく と　どうみゃく じょうみゃく さんみゃく じんみゃく
話に脈絡がない
はなし みゃくらく
文脈から筆者の考えを予想する
ぶんみゃく ひっしゃ かんが よそう
この取引にはまだ脈がある
とりひき みゃく

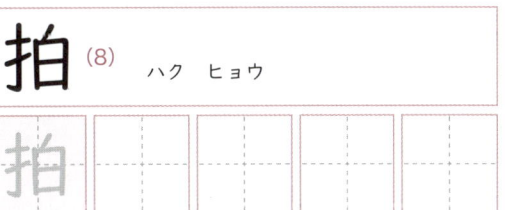

拍(8) ハク　ヒョウ

盛大な拍手　脈拍が速い　心拍数
せいだい はくしゅ みゃくはく はや しんぱくすう
拍とアクセント　三拍子の曲
はく　　　　　　さんびょうし きょく
人気に拍車をかける
にんき はくしゃ

121

診察
しんさつ

Medical Examination
诊察
Thăm khám

看病をする　けん身的な看護　看護師
かんびょう　しんてき　かんご　かんごし
看守　看板
かんしゅ　かんばん

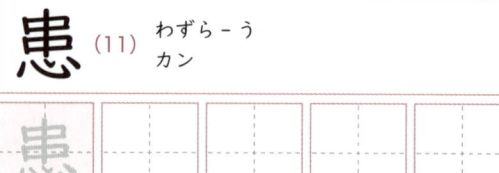

長く病を患う　入院患者　急患
なが　やまい　わずら　にゅういんかんじゃ　きゅうかん
患部を消毒する
かんぶ　しょうどく
△内臓疾患
ないぞうしっかん

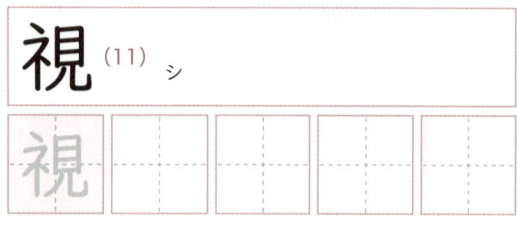

視力検査　近視　視覚　視ちょう者
しりょくけんさ　きんし　しかく　し　しゃ
視線を感じる　視野を広げる　視察
しせん　かん　しや　ひろ　しさつ
重視　疑問視する
じゅうし　ぎもんし

眼科　鋭い眼光　眼中にない　着眼点
がんか　するど　がんこう　がんちゅう　ちゃくがんてん
眼下に広がる海
がんか　ひろ　うみ
△血眼になって探す　△大仏の開眼
ちまなこ　さが　だいぶつ　かいげん

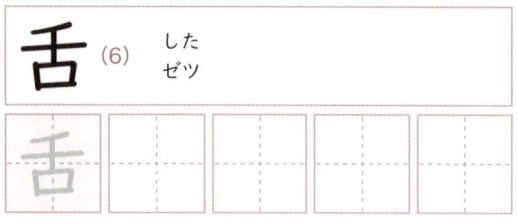

舌を出す　舌打ちする　猫舌　毒舌
した　だ　したう　ねこじた　どくぜつ
舌がこえている
した

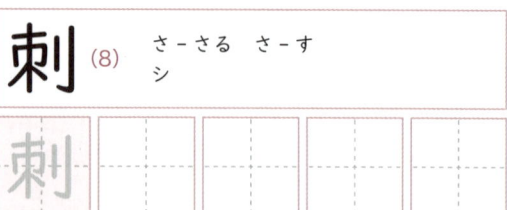

とげが刺さる　虫に刺される
さ　むし　さ
注射の針を刺す　刺殺　刺激を求める
ちゅうしゃ　はり　さ　しさつ　しげき　もと
社会風刺　名刺
しゃかいふうし　めいし

挑戦編　13章　健康 − 2

介護
かいご

Caregiving
护理
Chăm sóc

齢 (17) レイ

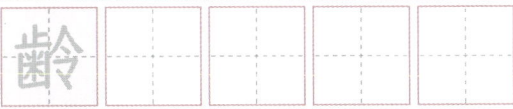

年齢をたずねる　年齢制限　高齢者
ねんれい　　　　ねんれいせいげん　こうれいしゃ
少子高齢化
しょうしこうれいか

潔 (15) いさぎよ−い / ケツ

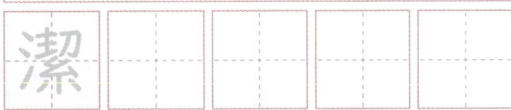

潔くあきらめる　意見を簡潔に述べる
いさぎよ　　　　　いけん　かんけつ　の
身の回りを清潔に保つ
み　まわ　　せいけつ　たも
トイレの後に手を洗わないのは不潔だ
　　　　あと　て　あら　　　　　　ふけつ
裁判で身の潔白を証明する
さいばん　み　けっぱく　しょうめい

菌 (11) キン

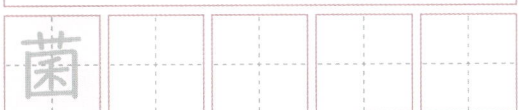

細菌　ばい菌　病原菌を発見する
さいきん　　きん　びょうげんきん　はっけん
無菌室　殺菌　除菌スプレー
むきんしつ　さっきん　じょきん

剤 (10) ザイ

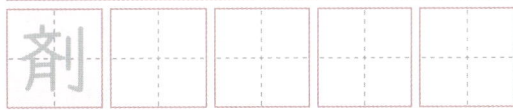

解熱剤　下剤　ビタミン剤　薬剤師
げねつざい　げざい　　　　ざい　やくざいし
洗剤　殺虫剤
せんざい　さっちゅうざい

渇 (11) かわ−く / カツ

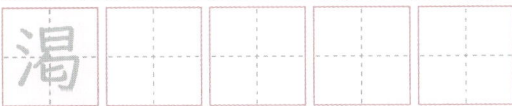

のどが渇く
　　　かわ
天候不順で渇水が発生している
てんこうふじゅん　かっすい　はっせい
平和を渇望する
へいわ　かつぼう

吐 (6) は−く / ト

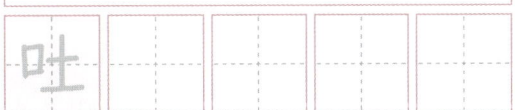

息を吐く　吐き気がする　吐血する
いき　は　　は　け　　　　とけつ
おう吐　弱音を吐く
　　と　よわね　は

美容
びよう

Beauty Care
美容
Làm đẹp

肌 (6) はだ

きれいな肌　美肌　肌荒れ　肌着
鳥肌が立つ　肌が合う

粧 (12) ショウ

化粧をする　薄化粧　厚化粧
雪化粧をした富士山

髪 (14) かみ／ハツ

髪が長い　髪の毛　髪型を変える　前髪
金髪　長髪　間一髪で危機を逃れた

脚 (11) あし／キャク　キャ

あのモデルは脚が長い　机の脚
カメラの三脚　脚立　脚光を浴びる
脚本　脚注　脚色

華 (10) はな／カ　ケ

彼女には華がある　華やかな人
華々しい活躍　華道　華美な服装
△華厳の滝（栃木県日光市）

鏡 (19) かがみ／キョウ

鏡を見る　手鏡　老眼鏡　鏡台

13章 復習

1. 漢字の読み方を書いてください。

① 彼女の服装はいつも華やかだ。
② モーツァルト生誕250年の記念式典が開かれる。
③ 長く患っていた病気が快方に向かう。
④ 1キロ走ったら、心拍数が上がった。
⑤ 将来、薬剤師になるのが夢だ。
⑥ 高校生のときから不眠に悩んでいる。
⑦ 海外留学で視野を広げる。
⑧ 食中毒を防ぐためにまな板を除菌する。
⑨ 彼は自分の非を潔く認めた。
⑩ 遠くの建物から煙が上がっている。

2. 漢字を書いてください。

① 取引先のお客さんとめいし交換をする。
② 緊張で、のどがかわいている。
③ 妻はにんしん8か月で、歩くのが大変そうだ。
④ 姉が先日ふたごを出産したので、お祝いを贈った。
⑤ 昨日の夜は緊張していっすいもできなかった。
⑥ 出かける前に、かがみで身だしなみをチェックする。
⑦ 毎朝、血圧とみゃくはくを測るようにしている。
⑧ 彼は今、彼女のことしかがんちゅうにないようだ。
⑨ 毎日ていしぼう牛乳を1リットル飲む。
⑩ きっさてんで空いている時間をつぶす。

14章 動植物
どうしょくぶつ

Animals and Plants
动植物
Động thực vật

花① はな

Flower 1
花①
Hoa ①

桜 (10) さくら / オウ

桜が満開だ（さくら まんかい） 夜桜（よざくら） 桜の開花予想（さくら かいか よそう） 桜桃（おうとう）

梅 (10) うめ / バイ

梅の花が咲いている（うめ はな さ） 梅干し（うめぼ） 梅酒（うめしゅ）
梅雨前線（ばいう ぜんせん）
△いい塩梅だ（あんばい）

松 (8) まつ / ショウ

大きい松の木（おお まつ き） 松ぼっくり（まつ） 門松（かどまつ）
松竹梅（しょうちくばい）

杉 (7) すぎ

杉の木（すぎ き） 屋久島の縄文杉（やくしま じょうもんすぎ） 杉の花粉（すぎ かふん）

菊 (11) キク

菊の花（きく はな） 菊人形（きくにんぎょう） 食用菊（しょくようぎく） 春菊（しゅんぎく） 野菊（のぎく）

綿 (14) わた / メン

綿（わた） 綿100％のシャツ（めん） 綿花（めんか） 木綿（もめん）
綿入れの半てん（わたい はん） 綿菓子（わたがし）
綿みつに計画を立てる（めん けいかく た）

挑戦編　14章　動植物

花②
はな

Flower 2
花②
Hoa ②

咲 (9)　さ-く

桜が咲く　五分咲き　昔話に花が咲く
舞台に返り咲く

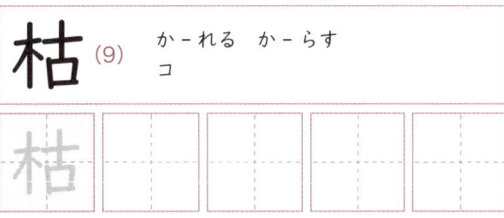

枯 (9)　か-れる　か-らす
　　　　コ

花が枯れる　植木を枯らす　枯れ葉
木枯らしが吹く　資源が枯渇する

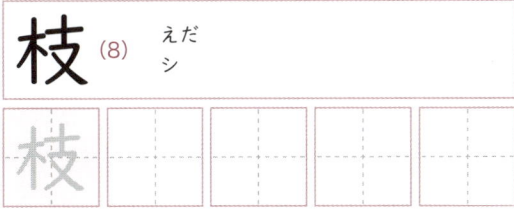

枝 (8)　えだ
　　　　シ

木の枝　小枝　枝を折る　枝分かれ
枝豆
△枝葉末節にこだわる

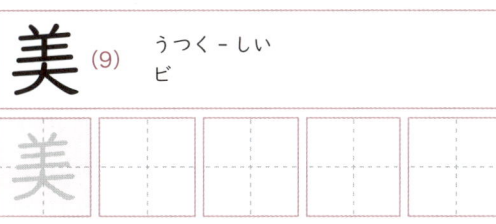

美 (9)　うつく-しい
　　　　ビ

美しい花　夜空に美しく輝く星
美と健康を保つ　美しい心　美容室
美人　美術

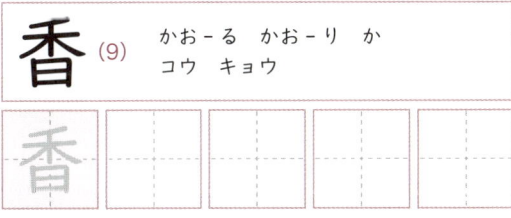

香 (9)　かお-る　かお-り　か
　　　　コウ　キョウ

梅が香る　バラの香り　お香をたく
香水　香辛料
△花の香にむせる　△将棋の香車

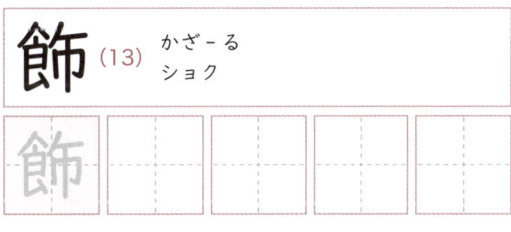

飾 (13)　かざ-る
　　　　ショク

花を飾る　飾りをつける　着飾る
店内を装飾する　服飾デザイナー
△名詞を修飾する

色
いろ

Color
颜色
Màu sắc

紅 (9)
べに　くれない
コウ　ク

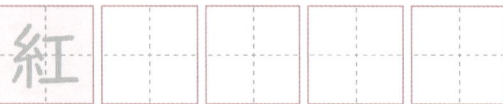

紅花　紅色　口紅をつける　紅　紅白
べにばな　べにいろ　くちべに　くれない　こうはく
木々が紅葉する　紅茶　紅一点
きぎ　こうよう　こうちゃ　こういってん
深紅のバラ
しんく

紺 (11)
コン

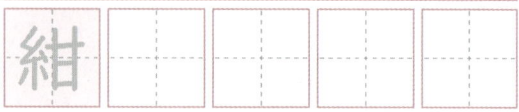

紺のスーツを着る　紺色のジャケット
こん　き　こんいろ
濃紺のスカート　紺ぺきの空
のうこん　こん　そら

灰 (6)
はい
カイ

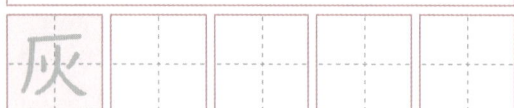

灰が降る　たばこの灰　灰色の空
はい　ふ　はい　はいいろ　そら
火山灰　灰皿　石灰　石灰岩
かざんばい　はいざら　せっかい　せっかいがん

紫 (12)
むらさき
シ

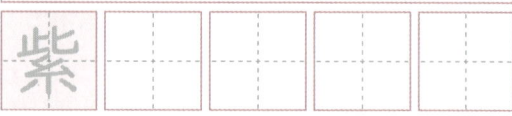

紫のセーターを着る　紫色の花
むらさき　き　むらさきいろ　はな
紫外線が強い
しがいせん　つよ

鮮 (17)
あざ-やか
セン

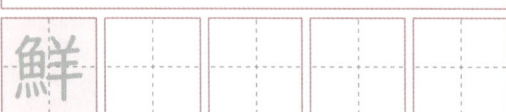

鮮やかな青　新鮮な野菜　鮮魚
あざ　あお　しんせん　やさい　せんぎょ
生鮮食品　鮮明に記憶している
せいせんしょくひん　せんめい　きおく

彩 (11)
いろど-る
サイ

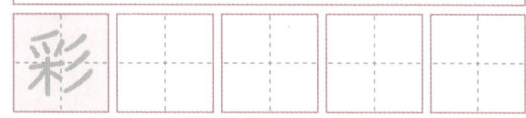

紅葉が山を彩る　花火が夜空を彩る
こうよう　やま　いろど　はなび　よぞら　いろど
彩りがきれいな料理　色彩　多彩な才能
いろど　りょうり　しきさい　たさい　さいのう
水彩画
すいさいが

挑戦編　14章　動植物

ペット

Pet
宠物
Thú cưng

飼 (13)　か-う　シ

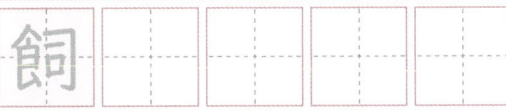

犬を飼う　飼い主　牛を飼育する
馬に飼料をやる

与 (3)　あた-える　ヨ

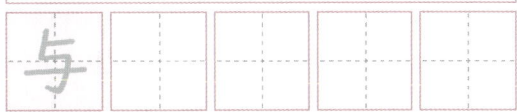

犬にえさを与える　チャンスを与える
好印象を与える話し方　給与
賞を授与する　事件への関与を否定する

散 (12)　ち-る　ち-らす　ち-らかる　ち-らかす　サン

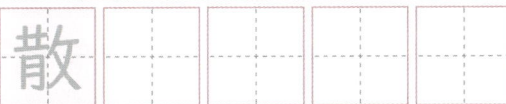

桜が散る　紙ふぶきを散らす
ゴミが散らかっている道路
ペットが室内を散らかす
ものが散乱した部屋　解散　気が散る
公園を散歩する

巣 (11)　す　ソウ

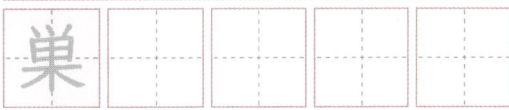

鳥が巣を作る　ハチの巣
古巣に戻る　病巣を切除する

猫 (11)　ねこ　ビョウ

猫の鳴き声　子猫　猫舌　猫背
猫の手も借りたい
△愛猫家

牧畜
ぼくちく

Livestock Farming
畜牧
Chăn nuôi

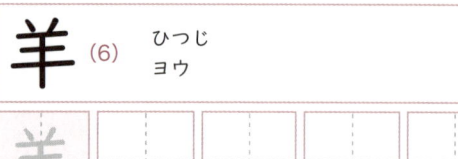

羊 (6)　ひつじ / ヨウ

羊　子羊　羊飼い　羊毛のセーター
ひつじ　こひつじ　ひつじか　ようもう
羊の肉のステーキ
ひつじ　にく

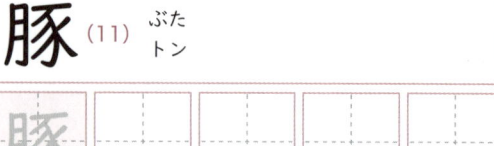

豚 (11)　ぶた / トン

豚　子豚　豚小屋　養豚場
ぶた　こぶた　ぶたごや　ようとんじょう
豚肉を食べる　豚カツ
ぶたにく　た　とん

畜 (10)　チク

家畜　畜産業を営む
かちく　ちくさんぎょう　いとな

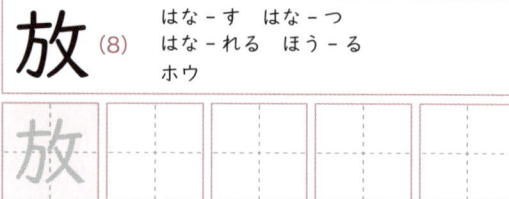

放 (8)　はな-す　はな-つ / はな-れる　ほう-る / ホウ

牛を草原に放す　ホームランを放つ
うし　そうげん　はな　　　　　　はな
犬が首輪から放れる　放り出す　放送
いぬ　くびわ　　はな　　ほう　だ　　ほうそう
放置自転車　窓を開放する
ほうちじてんしゃ　まど　かいほう

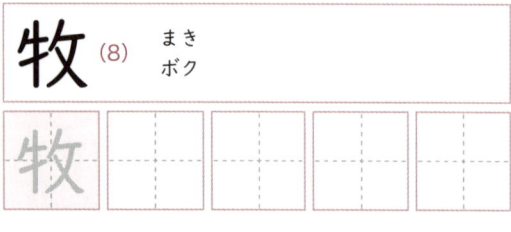

牧 (8)　まき / ボク

牧場で働く　放牧する　牧畜業
ぼくじょう　はたら　ほうぼく　　ぼくちくぎょう
遊牧民族　牧師
ゆうぼくみんぞく　ぼくし
△牧場
まきば

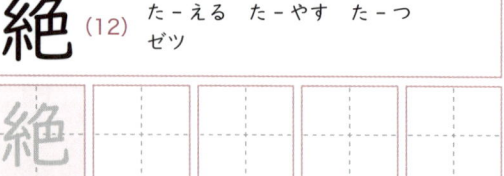

絶 (12)　た-える　た-やす　た-つ / ゼツ

交流が絶える　血統が絶える
こうりゅう　た　　けっとう　た
種を絶やす　消息を絶つ　命を絶つ
しゅ　た　　しょうそく　た　いのち　た
絶望　拒絶　絶対　絶大な信用
ぜつぼう　きょぜつ　ぜったい　ぜつだい　しんよう
笑顔を絶やさない
えがお　た

14章 復習

1. 漢字の読み方を書いてください。

① 東京では3月から4月にかけて桜が咲く。
② 近所の公園は犬を連れて散歩できるので好きだ。
③ ラベンダーが満開で、紫色のじゅうたんのようだ。
④ 秋になると、日本各地できれいな紅葉が楽しめる。
⑤ 毎年、たくさんの打ち上げ花火が夏の夜空を彩る。
⑥ 父は会社を辞めて、北海道で牧畜業を営んでいる。
⑦ 毎年、家の軒先につばめが巣を作る。
⑧ 魚をつったが、その場で静かに川に放した。
⑨ やり直しはできないので、綿みつに計画を立てる。
⑩ 絶対に失敗できないので、しっかり準備をしよう。

2. 漢字を書いてください。

① 12月になると、クリスマスのために家中をかざる。
② 毎日しんせんな野菜を食べるようにしている。
③ はいいろの雲が広がって今にも雨が降りそうだ。
④ 子どものころ、かっていた犬とよくボールで遊んだ。
⑤ どちらかというと牛肉よりぶたにくのほうが好きだ。
⑥ 彼女は苦労を見せず、いつも笑顔をたやさない。
⑦ 花に水をやるのを忘れて、からしてしまった。
⑧ 子ども達のために、休日に学校の校庭をかいほうする。
⑨ 「新緑のかおり」の入浴剤を使ってリラックスする。
⑩ 初対面の人に好印象をあたえる話し方を意識する。

13章・14章 アチーブメントテスト

【1】次の文の下線をつけた言葉の読み方を①〜④の中から選び、番号を書いてください。

1. 外は<u>紫外線</u>が強いから、今日は日傘を持って出かけよう。
   ①むらさきがいせん　②しがいせん　③せきがいせん　④べにがいせん

2. 彼女が着ている<u>鮮やかな</u>青のコートが目立って、人々の注目を集めている。
   ①あざやかな　②はなやかな　③さわやかな　④あさやかな

3. 旅行で3日間家を留守にして水やりができず、庭の花を<u>枯らして</u>しまった。
   ①がらして　②ならして　③はらして　④からして

4. 待ち合わせは、明日の14時、いつもの<u>喫茶店</u>で。遅れないでね。
   ①けっちゃてん　②きっちゃてん　③きっさてん　④けつさてん

5. 彼は研究に励み、新たな<u>病原菌</u>の発見というすばらしい業績をあげた。
   ①びょうはらぎん　②びょうげんきん　③やまいげんきん　④びょうげんぎん

1.	2.	3.	4.	5.

【2】次の文の下線をつけた言葉の漢字を①〜④の中から選び、番号を書いてください。

1. 虫に<u>さされた</u>ところがはれてきて、赤みもかゆみも増してきた。
   ①利された　②剤された　③刺された　④刷された

2. 静かにして。赤ちゃんが今ぐっすり<u>ねむって</u>いるところだから。
   ①寝って　②睡って　③眠って　④眠って

3. ドッグランに入ってリードを<u>はなした</u>とたん、犬は元気に走り回った。
   ①離した　②鼻した　③放した　④話した

4. 熱を出して学校を休んだ子どもを、一日中<u>かんびょう</u>した。
   ①感病　②看病　③観病　④看秒

5. お酒を飲んだら、<u>ぜったいに</u>車を運転してはいけない。
   ①絶対に　②絶体に　③絶追に　④絶待に

1.	2.	3.	4.	5.

13章・14章 アチーブメントテスト

【3】①～⑳の下線部の漢字または読み方を書いてください。

　今年の健康診断で、医者から「①年齢のわりに血圧と②脂質の数値が高い。③ほうちすると病気のリスクが高くなる。運動や食事を見直すように。」と言われてしまった。しかし、私は運動が苦手で、肉料理、特に④豚肉に目がない。それに甘いものも大好きだ。

　これからは、栄養バランスを⑤じゅうしした食生活に変えないといけない。まずは野菜中心のメニューを作ろう。近所のスーパーで⑥しんせんな魚が売っているから、いろいろな魚料理を作ろう。そして、足りない栄養はビタミン⑦剤で補ってみよう。食べ方も変えたほうがいいらしい。ゆっくり、よくかんで食べることで、脳の神経を⑧しげきし、食べ過ぎが防げるそうだ。

　そうだ、来週は⑨誕生日だ。ケーキと⑩こうちゃでお祝いしようと考えていたけど、ケーキはがまんしたほうがいいかな。

　今日からすぐ⑪禁煙しよう。そのためにも家にある⑫はいざらは⑬潔く全部捨てよう。禁酒は難しいだろうな。仕事から⑭かいほうされて、⑮渇いたのどをうるおすための一杯のビールが毎晩の楽しみなのに、それができなくなるのはちょっと…。それから、夜更かししたときに飲む、⑯ねむけ覚ましのコーヒーに、砂糖をたっぷり入れるのもやめるしかない。⑰体脂肪も測れる体重計を買って、毎日チェックしよう。

　運動不足も解消したい。⑱心拍数を上げすぎるのもよくないらしいから、ランニングではなく、公園を⑲さんぽするのがいいかな。自然を⑳まんきつしながら歩けば気持ちがいいだろう。

①	②	③	④
⑤	⑥	⑦	⑧
⑨	⑩	⑪	⑫
⑬	⑭	⑮	⑯
⑰	⑱	⑲	⑳

13章・14章 クイズ

【1】〔　〕の中に漢字を入れて文章を完成させ、□に入る動物をあててください。

クイズ　この動物、わかりますか？

Q1：もこもこした毛はセーターやマフラーの材料になります。　　A：□
〔　場〕で見ることができます。

Q2：〔家　〕として〔　われて〕いることが多いです。　　A：□
泥遊びが好きで、映画の主役になったことがあります。

Q3：「○の手も借りたい」「○の額」といったことわざがあります。　　A：□
〔　〕で自分の体をなめ、毛づくろいをします。

【2】?を考え、漢字を完成させて、〔　〕に言葉の読み方を書いてください。

～すぐできる！　朝がポイント！　毎日元気で、若々しさを保つコツ～

① 目 + ? ▶ □眠の時間はしっかり取りましょう。寝ながらスマホを見るのはNG
　　　　　　〔　　〕

② 口 + ? ▶ 軽くストレッチを。体を伸ばすときはゆっくり息を□くのがポイント
　　　　　　　　　　　　　　　　　　　　　　　　　　　　〔　く〕

③ 糸 + ? ▶ 顔を洗ったらタオルでやさしくおさえる。タオルは□100%がおすすめ
　　　　　　　　　　　　　　　　　　　　　　　　　　　　〔　　〕

④ 米 + ? ▶ 化□水で□にたっぷりのうるおいを。首にもつけて
⑤ 月 + ? 　〔　　〕〔　　〕

⑤ ? + 友 ▶ 頭ぼさぼさになっていない？□はていねいにとかして。
　 氵 + ? 　清□感がポイント　〔　　〕
　　　　　　〔　　〕

⑥ 金 + ? ▶ □を見ながら、笑顔を10秒間キープ
　　　　　　〔　〕

13章・14章　クイズ

【3】□から漢字を選んで＿＿に入れ、その読み方を〔　〕に書いて、会話を完成させてください。

1. 看護師：まず＿＿〔　　　〕を測りますね。腕を出してください。
   患　者：はい。
   看護師：異常ありませんね。では、次に採血をします。注射の針を＿＿〔　　　〕とき少し痛いです。気分が悪くなって＿＿気〔　　け〕がしたらすぐに言ってくださいね。
   患　者：わかりました。

2. 医　師：おめでとうございます。今、＿＿〔　　　　〕3か月ですよ。
   赤ちゃんは＿子〔　　　〕ですね。
   患　者：本当ですか。わあ、うれしい！
   医　師：重いものを持ったり、体を冷やしたりしないようにしてください。
   それから＿＿〔　　　〕がむくみやすくなりますから、気をつけてください。
   患　者：はい、気をつけます。

   | 妊　吐　脈　娠　双　脚　刺 |

【4】文章を読み＿＿の言葉の読み方を〔　〕に入れ、〇に入る日本の花や木の名前を書いてください。

1. 〇（さくら）　開花時期：3月～4月　花言葉：精神の美
   花の色は白、ピンクやグリーンがあります。お花見といえばこの花です。満開に咲くと華やかですが、花びらが散る〔　　〕〔　　〕風景もきれいです。

2. 〇（うめ）　開花時期：1月～3月　花言葉：上品
   春の訪れを知らせてくれます。まだ寒い季節、道を歩いているといい香りがして、春が近いことを感じます。〔　　　〕

3. 〇（きく）　開花時期：9月～11月　花言葉：高潔
   秋を代表する花で、美しい形が特ちょうです。〔　　　〕
   日本の国の花で、パスポートの表紙や、50円玉にも使われています。最近は、カラフルでおしゃれなものが増え、アレンジメントやブーケとしても人気があります。

4. 〇（まつ）　開花時期：4月～5月　花言葉：不老長じゅ
   「松竹梅」と言って、おめでたいものとして使われます。お正月には玄関に飾るなど、古くから親しまれています。

5. 〇（すぎ）　開花時期：3月～4月　花言葉：堅固
   古い時代からある固有の種で、家を作る材木として使われています。現在は花粉症に悩まされる人が増えています。また、入浴剤にも使われています。

15章 地球
ちきゅう

地球
ちきゅう

Earth
地球
Trái đất

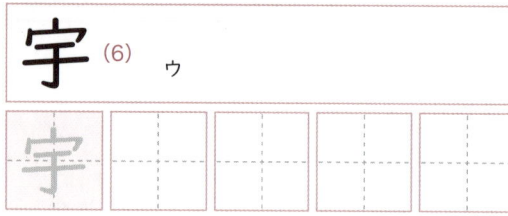

宇 (6) ウ

宇宙
うちゅう

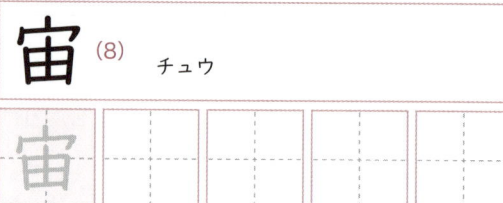

宙 (8) チュウ

宇宙開発　宇宙飛行士　宙返り
うちゅうかいはつ　うちゅうひこうし　ちゅうがえ
ほこりが宙に舞う　計画が宙に浮く
　　　　ちゅう　ま　　けいかく　ちゅう　う

環 (17) カン

環状道路　血液が体内をじゅん環する
かんじょうどうろ　けつえき　たいない　　　　かん

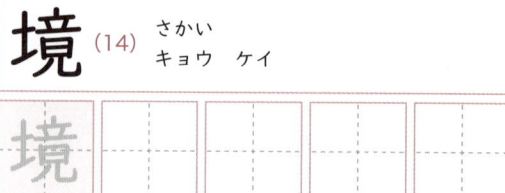

境 (14) さかい
キョウ　ケイ

東京は四つの県と境を接する　生死の境
とうきょう　よっ　　けん　さかい　せっ　　せいし　さかい
環境　国境　境界線　逆境に強い人
かんきょう　こっきょう　きょうかいせん　ぎゃっきょう　つよ　ひと
△寺の境内
　てら　けいだい

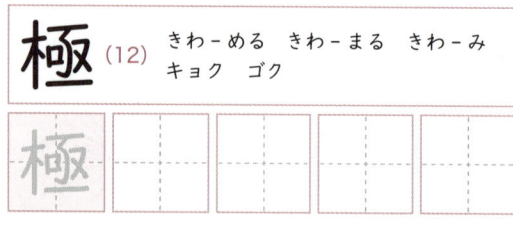

極 (12) きわ-める　きわ-まる　きわ-み
キョク　ゴク

困難を極める　感極まる　無礼の極み
こんなん　きわ　　かんきわ　　ぶれい　きわ
南極　極端　極楽　積極的　究極の選択
なんきょく　きょくたん　ごくらく　せっきょくてき　きゅうきょく　せんたく

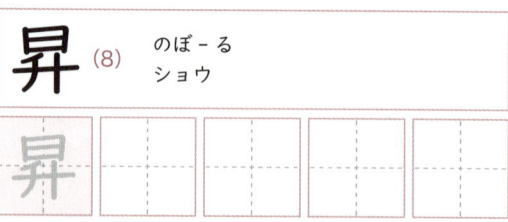

昇 (8) のぼ-る
ショウ

日が昇る　気温が上昇する
ひ　のぼ　　きおん　じょうしょう
課長に昇進する　昇給　昇格
かちょう　しょうしん　しょうきゅう　しょうかく

挑戦編　15章　地球

水①
みず

Water 1
水 ①
Nước ①

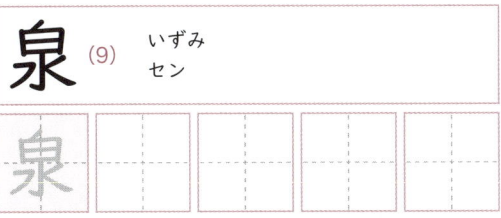

泉 (9)　いずみ　セン

泉がわき出る　温泉に入る　温泉旅館
いずみ　で　　おんせん　はい　おんせんりょかん

源 (13)　みなもと　ゲン

この川の源は山中湖だ　語源を調べる
かわ　みなもと　やまなかこ　　ごげん　しら
天然資源　震源地　水源　人類の起源
てんねんしげん　しんげんち　すいげん　じんるい　きげん

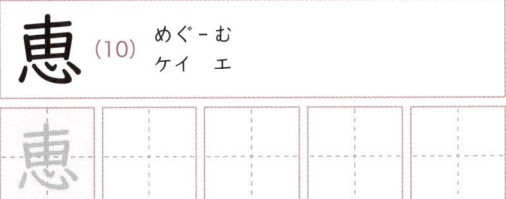

恵 (10)　めぐ-む　ケイ　エ

お金を恵む　恵まれた生活　生活の知恵
かね　めぐ　　めぐ　　せいかつ　せいかつ　ちえ
△恩恵をうける
おんけい

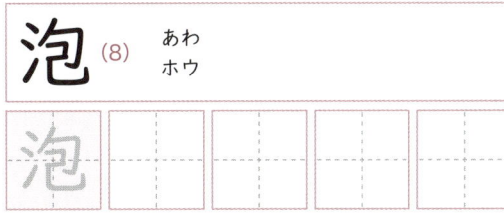

泡 (8)　あわ　ホウ

ビールの泡　泡が立つ　泡風呂
あわ　あわ　た　あわぶろ
口から泡を吹く　水泡　気泡
くち　あわ　ふ　すいほう　きほう

井 (4)　い　セイ　ショウ

井戸　井戸水をくむ　天井が高い家
いど　いどみず　　てんじょう　たか　いえ
天井画
てんじょうが
△市井の人
しせい　ひと

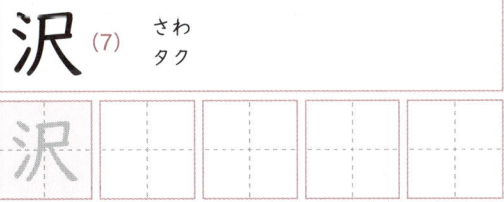

沢 (7)　さわ　タク

沢で遊ぶ　沢登り　光沢のある紙
さわ　あそ　さわのぼ　こうたく　かみ
じゅん沢な資金　ぜい沢な生活
たく　しきん　たく　せいかつ

水②
みず

Water 2
水②
Nước ②

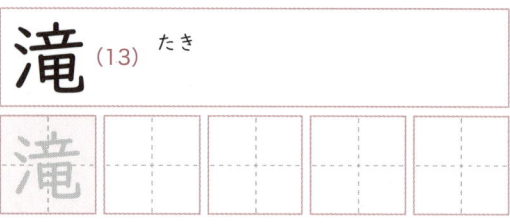

滝 (13) たき

滝にうたれる　滝つぼ　ナイアガラの滝
汗が滝のように流れる

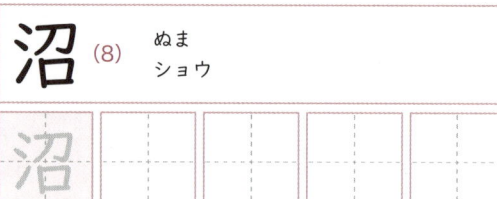

沼 (8) ぬま　ショウ

沼地　泥沼にはまる　裁判が泥沼化する
△湖沼

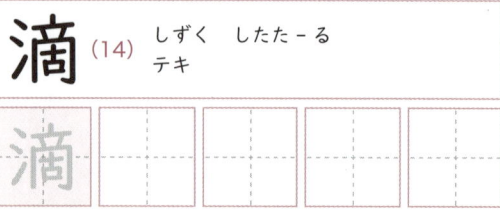

滴 (14) しずく　したた-る　テキ

汗が滴る　雨の滴　水滴　一滴の涙
点滴をうつ

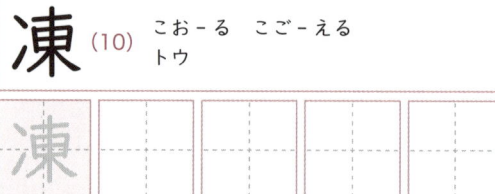

凍 (10) こお-る　こご-える　トウ

湖が凍る　凍える寒さ　冷凍食品
肉を解凍する　道路が凍結する

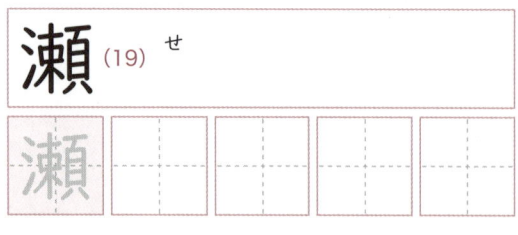

瀬 (19) せ

浅瀬を渡る　瀬戸内海　瀬戸際

浄 (9) ジョウ

空気を浄化する　空気清浄機
胃を洗浄する　政治を浄化する

挑戦編　15章　地球

砂浜
すなはま

Sand Beach
海濱沙灘
Bãi cát

湾 (12) ワン

東京湾　フェリーが湾内に入った
とうきょうわん　　　　わんない　はい
湾岸道路　湾岸都市　湾曲した道路
わんがんどうろ　わんがんとし　わんきょく　どうろ

沖 (7) おき／チュウ

沖に出る　沖でつりをする　沖合漁業
おき　で　　おき　　　　　　おきあいぎょぎょう
△沖縄県　△沖積層
　おきなわけん　ちゅうせきそう

浜 (10) はま／ヒン

浜辺で貝を拾う　砂浜で遊ぶ　横浜市
はまべ　かい　ひろ　すなはま　あそ　よこはまし
海浜公園
かいひんこうえん

江 (6) え／コウ

入り江にボートを泊める　江戸時代
い　え　　　　　　　と　　えどじだい
長江
ちょうこう

層 (14) ソウ

地層　断層がずれる　選手の層が厚い
ちそう　だんそう　　　せんしゅ　そう　あつ
階層　高層ビル　寒さが一層厳しくなる
かいそう　こうそう　　さむ　　いっそうきび

砂 (9) すな／サ・シャ

目に砂が入った　砂浜　砂丘　砂嵐
め　すな　はい　　すなはま　さきゅう　すなあらし
土砂崩れ　砂糖
どしゃくず　さとう

139

地質
ちしつ

Geology
地质
Địa chất

掘 (11) ほーる / クツ

井戸を掘る　石油を採掘する　発掘調査
いど　ほ　　せきゆ　さいくつ　　はっくつちょうさ
掘さく
くっ

穴 (5) あな / ケツ

穴をあける　穴を埋める　穴を掘る
あな　　　　あな　う　　　あな　ほ
落とし穴　穴場
お　　あな　あなば
△墓穴を掘る
　ぼけつ　ほ

洞 (9) ほら / ドウ

洞穴を探検する　空洞　洞察力が鋭い
ほらあな　たんけん　くうどう　どうさつりょく　するど

炭 (9) すみ / タン

炭火で肉を焼く　石炭　炭水化物
すみび　にく　や　せきたん　たんすいかぶつ
炭さん飲料
たん　　いんりょう

鉱 (13) コウ

鉱山でダイヤを採る　鉱業　鉱物　金鉱
こうざん　　　　と　こうぎょう　こうぶつ　きんこう
鉄鉱石
てっこうせき

銅 (14) ドウ

銅メダルをかく得する　銅像　青銅
どう　　　　　　　とく　どうぞう　せいどう
銅貨　銅版画
どうか　どうはんが

挑戦編　15章　地球

15章 復習
ふくしゅう

1. 漢字の読み方を書いてください。

① フェリーが湾内に入ってきた。
② 船で沖に出て、つりをする。
③ 友達と砂浜でバーベキューをする。
④ 井戸水でスイカを冷やす。
⑤ 週末は仲間と沢登りをして楽しんでいる。
⑥ 震源地は岩手県の沖合だそうだ。
⑦ さまざまなところで環境破壊が進んでいる。
⑧ 地球全体の気温が上昇している。
⑨ 夢は宇宙飛行士になることだ。
⑩ 泥沼にはまって、抜けだせなくなった。

2. 漢字を書いてください。

① いりえに白いボートが泊めてある。
② 海の近くのこうそうマンションに住んでいる。
③ 森の奥にきれいないずみがある。
④ 山奥にあるたきにうたれて身を清めた。
⑤ 先週、病院でてんてきをうってもらった。
⑥ なんきょくにオーロラを見に行く。
⑦ たんすいかぶつの取りすぎは体によくない。
⑧ 散歩中、大きなほらあなを見つけた。
⑨ 最近のれいとう食品は本格的な味だ。
⑩ ボーナスで最新型の空気せいじょうきを購入した。

141

16章 文化

宴会①

宴 (10) エン
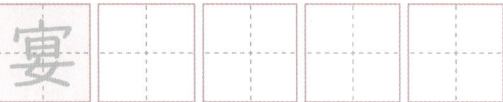
宴会を開く　宴会場
ひろう宴に出席した　宴席を設ける

催 (13) もよおーす　サイ
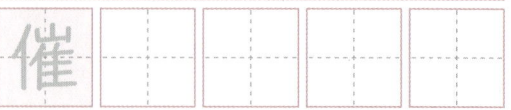
かん迎会を催す　催し物　開催する
主催者　催眠術　返事を催そくする

寄 (11) よーる　よーせる　キ
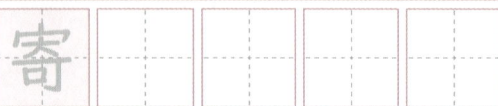
火のそばに寄る　寄り道する　寄港する
体を寄せる　寄生虫　寄付　寄贈
お年寄り

酌 (10) くーむ　シャク
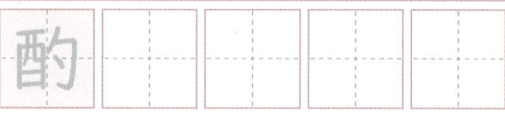
お酌をする　晩酌する　手酌する
酒を酌み交わす　気持ちを酌みとる
△情状酌量

騒 (18) さわーぐ　ソウ
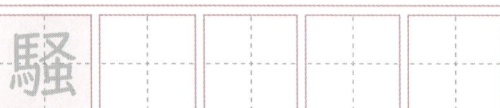
皆で騒ぐ　外が騒がしい　騒ぎ声　騒音
物騒な世の中だ　騒動

踊 (14) おどーる　おどーり　ヨウ
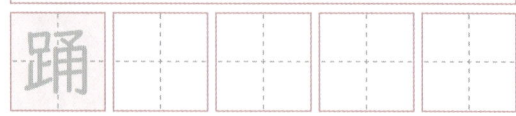
ワルツを踊る　ぼん踊り　日本舞踊
階段の踊り場

挑戦編　16章　文化

宴会②
えんかい

Banquet 2
宴会②
Bữa tiệc ②

誤 (14)　あやま－る　ゴ

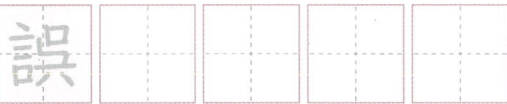

ハンドル操作を誤る　判断を誤る
正誤問題　誤解を与える　誤診　誤算

憶 (16)　オク

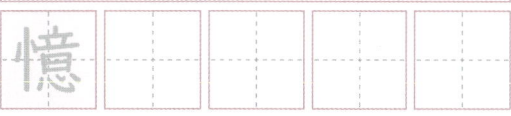

記憶する　飲みすぎで記憶がない
記憶そう失　追憶　長期記憶　短期記憶

延 (8)　の－びる　の－ばす　の－べる　エン

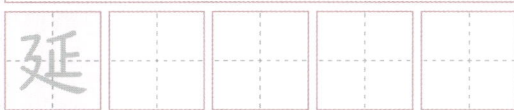

会が予定の時間より延びた
期限を延ばす　延長　延期　遅延証明書
延滞料金　延べ人数
△日を延べる

超 (12)　こ－える　こ－す　チョウ

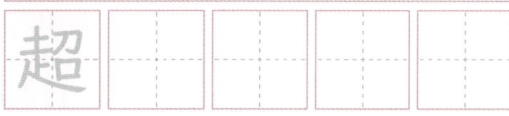

人口が1億人を超える　基準を超す
超満員　1万人超　超音波　超過料金
超忙しい

更 (7)　さら　ふ－ける　ふ－かす　コウ

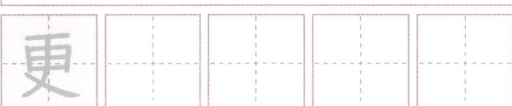

契約を更新する　予定を変更する
更衣室　更に仕事が増える　夜が更ける
夜更かしする

徹 (15)　テツ

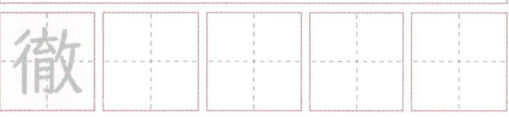

徹底的に調べる　徹夜で飲み会をする
冷徹な人間　サポートに徹する
△初志かん徹

日本文化
にほんぶんか

Japanese Culture
日本文化
Văn hóa Nhật Bản

精 (14) セイ ショウ

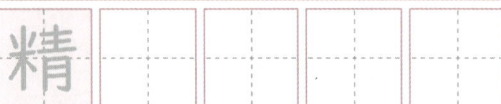

精密機器　少数精鋭　強い精神を持つ
せいみつきき　しょうすうせいえい　つよ　せいしん　も
精力的に活動する　精一杯がんばる
せいりょくてき　かつどう　せいいっぱい
精進する　精米　無精ひげ
しょうじん　せいまい　ぶしょう

像 (14) ゾウ

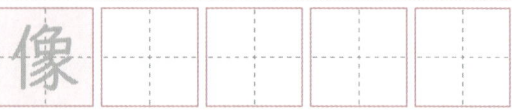

美しい映像　未来を想像する　仏像
うつく　えいぞう　みらい　そうぞう　ぶつぞう
石像　銅像　自画像
せきぞう　どうぞう　じがぞう

殿 (13) との どの デン テン

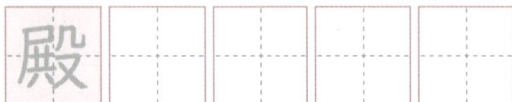

宮殿　巨大な神殿　神社の本殿　御殿
きゅうでん　きょだい　しんでん　じんじゃ　ほんでん　ごてん
オペラの殿堂　皇太子殿下　殿様　殿方
でんどう　こうたいしでんか　とのさま　とのがた
山田一郎殿
やまだいちろうどの

坊 (7) ボウ ボッ

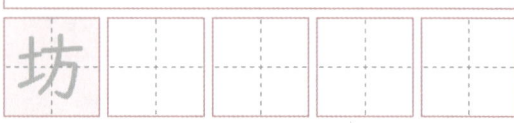

坊主　坊さん　丸坊主　赤ん坊　坊や
ぼうず　ぼう　まるぼうず　あか　ぼう　ぼう
暴れん坊　坊ちゃん　寝坊
あば　ぼう　ぼっ　ねぼう

跡 (13) あと セキ

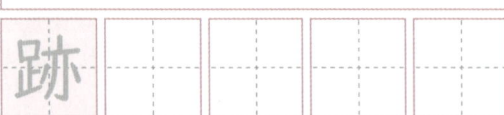

犯人の跡を追う　追跡　い跡　城跡
はんにん　あと　お　ついせき　せき　しろあと/じょうせき
工場の跡地　傷跡　焼け跡
こうじょう　あとち　きずあと　や　あと
△犯人の足跡を追う
はんにん　あしあと　お

祈 (8) いの－る キ

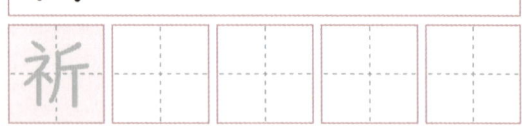

無事を祈る　祈り　平和を祈念する
ぶじ　いの　いの　へいわ　きねん
合格祈願
ごうかくきがん

16章 復習

1. 漢字の読み方を書いてください。

① 上映初日の映画館は超満員だった。
② 誤解されないように、わかりやすく説明しよう。
③ 近くに空港があって飛行機の騒音に悩まされている。
④ 試験前に徹夜して、試験中に眠くなってしまった。
⑤ 山田さんは子どものころから日本舞踊を習っている。
⑥ 公園で催し物があるようで、たくさんの人がいる。
⑦ 毎日仕事が忙しくて精神的に疲れた。
⑧ この神社の本殿は国宝に指定されている。
⑨ 友人と酒を酌み交わしながら、将来について語った。
⑩ DVDを返すのを忘れ、延滞料金を払うことになった。

2. 漢字を書いてください。

① あかんぼうは母親の顔を見たとたん泣き止んだ。
② 工場のあとちにショッピングモールが建設された。
③ 宝くじに当たったら何に使おうかとそうぞうする。
④ 電車でつえをついたおとしよりに席をゆずった。
⑤ 合格をきがんして有名な神社にお参りをした。
⑥ えんかいの幹事になったので、店に予約の電話をした。
⑦ お酒を飲みすぎてきおくがなくなった。
⑧ このチーズを食べると、さらにワインが飲みたくなる。
⑨ ハンドル操作をあやまって、車を電柱にぶつけた。
⑩ 予定通り報告書が書けず、期限をのばしてもらった。

15章・16章 アチーブメントテスト

【1】次の文の下線をつけた言葉の読み方を①～④の中から選び、番号を書いてください。

1. 入り江にボートを泊めて、つりをした。
   ①いりこう　②いりえ　③はいりえ　④はいりこう

2. 学生時代、学校帰りに寄り道してよく母にしかられた。
   ①ゆりみち　②かえりみち　③よりみち　④やりみち

3. 新入社員が入ったので歓迎会を催した。
   ①もよおした　②もおよした　③おもよした　④もようした

4. 技術の進歩により宇宙旅行も夢ではなくなっている。
   ①うちょう　②うちゅう　③うじゅう　④ゆちゅう

5. 夏は砂浜に横になって、本を読むのが好きだ。
   ①すなひん　②さはま　③さひん　④すなはま

1.	2.	3.	4.	5.

【2】次の文の下線をつけた言葉の漢字を①～④の中から選び、番号を書いてください。

1. 天然しげんにとぼしい日本は、石油や食料の多くを海外から輸入している。
   ①資質　②資原　③資源　④資料

2. 気温のじょうしょうにより大雨の被害が増大している。
   ①上登　②上照　③上昇　④超昇

3. 説明が足りずに、聞いている人にごかいを与えてしまった。
   ①誤解　②後悔　③語解　④号悔

4. 大学合格をきがんするため、神社へお参りに行った。
   ①折願　②祈願　③祈顔　④神願

5. ヴェルサイユきゅうでんは1682年にルイ14世によって建てられた。
   ①管殿　②丘殿　③旧殿　④宮殿

1.	2.	3.	4.	5.

15章・16章　アチーブメントテスト

【3】①〜⑳の下線部の漢字または読み方を書いてください。

私のストレス解消

仕事が忙しくてストレスがたまってくると、①かんきょうを変えたくなる。自然に②恵まれたところでリラックスするのが一番だ。この間ハイキングした場所は昔、③どうが④採掘され多くの人が働いていたそうだ。今では⑤穴を⑥掘った⑦あとが残っているだけで、誰も住んでいないが、採掘現場が⑧空洞になっていて、見学ができる。昔の⑨ちそうが見られ、地質マニアには有名な場所だそうだ。

途中、⑩滝や⑪さわがあった。滝に⑫近寄ってマイナスイオンを浴びたら、心が⑬じょうかされた気がした。この滝も冬には⑭こおってしまうそうだ。

ハイキングの後で⑮おんせんに入った。お湯につかっていると⑯極楽だ。風呂上がりに、ビールと⑰炭火で焼いた川魚を注文した。ビールは⑱いどみずで冷やしてあり、⑲あわまでおいしかった。このリフレッシュが私の元気の⑳源だ。また疲れたら来ようと思う。

①	②	③	④
⑤	⑥	⑦	⑧
⑨	⑩	⑪	⑫
⑬	⑭	⑮	⑯
⑰	⑱	⑲	⑳

15章・16章 クイズ

【1】漢字の計算です。□に漢字を書いてください。

1. 石 ＋ 少 ＝ □

2. 米 ＋ 青 ＝ □

3. 走 ＋ 刀 ＋ 口 ＝ □

4. 足 ＋ マ ＋ 用 ＝ □

5. 酒 － 氵 ＋ 勹 ＝ □

【2】□の漢字は全て、さんずい（氵）がつく漢字です。（氵）を組み合わせた漢字を□に入れて文を作り、（　）に〜〜〜の読み方を書いてください。

例． 洞 穴を探検する。 ・・・・・ （ ほらあな ）を たんけんする。

1. □□にはまる ・・・・・ （　　　　）に はまる。

2. 水□がたれる。 ・・・・・ （　　　　）が たれる。

3. 川の浅□で遊ぶ。 ・・・・・ かわの（　　　　）で あそぶ。

4. □に打たれる。 ・・・・・ （　　　　）に うたれる。

5. ポットを洗□する。 ・・・・・ ポットを（　　　　）する。

| 尼 | 竜 | 頼 | 争 | 召 | 同 | 商 |

15章・16章　クイズ

【3】（　　　）の中にカタカナの読み方をする漢字を書いてください。

1．エン　① （　　　）会の予約を入れるために居酒屋に電話をした。
　　　　　② 後半でも勝負がつかず、試合は（　　　）長に入った。

2．ソウ　① 近所で工事が始まり、（　　　）音に悩まされるようになった。
　　　　　② 都心の高（　　　）マンションは家賃が上がっている。

3．コウ　① この地下には貴重な（　　　）物資源が存在する。
　　　　　② アパートの契約の（　　　）新があり、書類にサインした。

【4】間違っている漢字に下線を引いて、（　　　）に正しい漢字を書いてください。

1．道路を通すため、何年もかかってトンネルを堀っている。　（　　　）
2．最近は、若い人の間で仏象好きが増えているそうだ。　　　（　　　）
3．仕事は大変だったが、清神的に鍛えられたと思う。　　　　（　　　）
4．子どものころの夢は完宙飛行士になることだった。　　　　（　　　）
5．寺でお防さんの話をきいて、心が落ち着いた。　　　　　　（　　　）

【5】二人の会話の漢字の読み方を書いてください。

古川：鈴木さん、お酒強いですね。どのくらい飲めるんですか。
鈴木：うーん。ワインだったら1本くらい飲めるかな。
古川：お酒を飲んだら、どうなるタイプですか。
鈴木：私は明るくなるタイプだよ。　お店で①踊って②騒いだり、
　　　「私の③お酌したお酒が飲めないのー」って後輩にからんだり、
　　　④記憶をなくしたり、⑤徹夜して飲んで…。
古川：そうなんですね。私はすぐ眠くなるタイプです。

①	②	③	④	⑤

17章 社会-2

法律②

条 (7) ジョウ

条件を提示する　条約を結ぶ　信条
か条書き　民法第一条

令 (5) レイ

命令に従う　法令　指令　号令をかける
辞令を受ける

司 (5) シ

司会　上司　司書
△立法・司法・行政

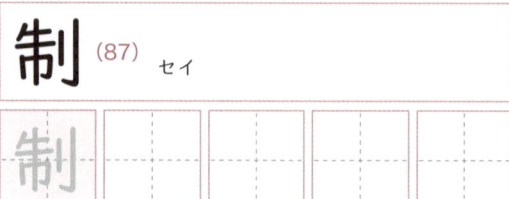

制 (87) セイ

食事制限をする　発言を制止する
節制を心がける　交通規制
車の自動運転制御システム
条約を制定する　制度　参加を強制する
制服

策 (12) サク

政策を立てる　対策　方策を練る
画策する　国策　策略をめぐらす
公園を散策する

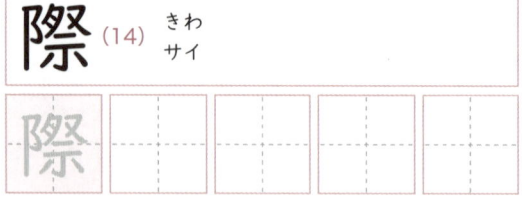

際 (14) きわ / サイ

人の欲望には際限がない
国際的に有名な歌手
際どい判定で試合に負ける　窓際の席
実際　交際費

挑戦編　17章　社会 - 2

戸籍
こせき

Family Registration
戸籍
Hộ khẩu

孫 (10)　まご／ソン
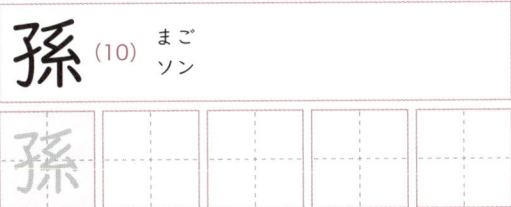

孫が生まれた　子孫を残す　孫の手
まご　う　　し そん のこ　　まご て

祖 (9)　ソ
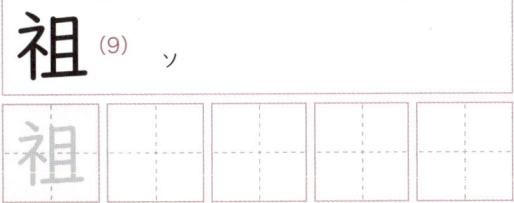

祖先を大切にする　先祖代々の墓
そ せん たいせつ　　せん ぞ だいだい はか
祖父母　元祖とんこつラーメン
そ ふ ぼ　　がん そ

似 (7)　に-る／ジ
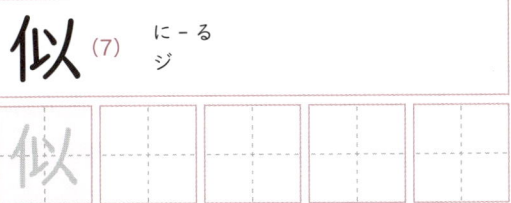

よく似た親子　娘は父親似だ　似顔絵
に　おや こ　　むすめ ちちおや に　　に がお え
他人の空似　類似品に注意する
た にん そら に　　るい じ ひん ちゅう い

氏 (4)　うじ／シ
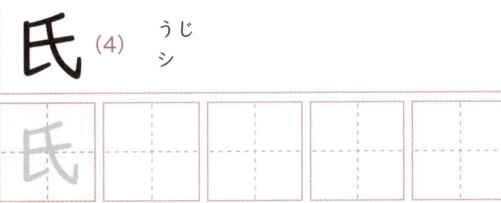

氏名を書く　田中氏　鈴木、遠藤の両氏
し めい か　　た なか し　　すず き えん どう りょう し
氏より育ち
うじ そだ

籍 (20)　セキ
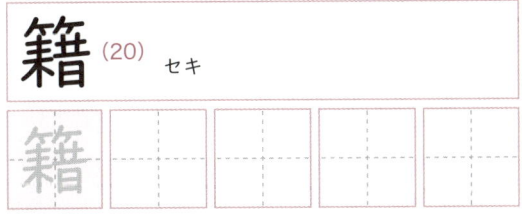

書籍　結婚式当日に籍を入れる　戸籍
しょ せき　　けっ こん しき とう じつ　せき い　　こ せき
本籍地　国籍　除籍
ほん せき ち　こく せき　じょ せき

偶 (14)　グウ
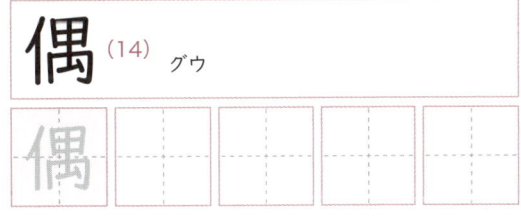

偶然に再会する　偶発的な事故　配偶者
ぐう ぜん さい かい　　ぐう はつ てき じ こ　　はい ぐう しゃ
偶数
ぐう すう
△土偶
ど ぐう

政治① せいじ

党 (10) トウ
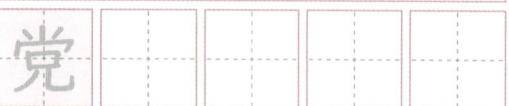

政党の党首　入党　与党と野党
せいとう　とうしゅ　にゅうとう　よとう　やとう
意見の対立で離党する　徒党を組む
いけん　たいりつ　りとう　ととう　く
悪党
あくとう

民 (5) たみ／ミン
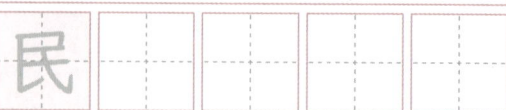

国民　市民　住民　難民　移民
こくみん　しみん　じゅうみん　なんみん　いみん
民主主義　民意を反映する　民の意見
みんしゅしゅぎ　みんい　はんえい　たみ　いけん
民間企業　民話
みんかんきぎょう　みんわ

挙 (10) あ-がる　あ-げる／キョ

挙手で賛否を決める
きょしゅ　さんぴ　き
教会で結婚式を挙げる　例を挙げる
きょうかい　けっこんしき　あ　れい　あ
選挙　犯人が挙がる　新記録達成の快挙
せんきょ　はんにん　あ　しんきろくたっせい　かいきょ

委 (8) ゆだ-ねる／イ
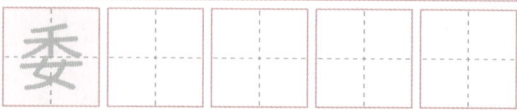

運営を委ねる　手続きを委任する
うんえい　ゆだ　てつづ　いにん
委員を選ぶ　教育委員会
いいん　えら　きょういくいいんかい

権 (15) ケン　ゴン
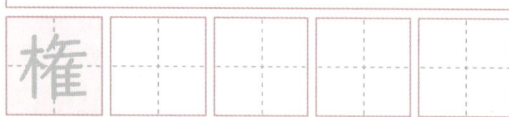

権力を握る　政権交代　権利を主張する
けんりょく　にぎ　せいけんこうたい　けんり　しゅちょう
権限　参政権　選挙権
けんげん　さんせいけん　せんきょけん
△悪の権化
あく　ごんげ

票 (11) ヒョウ

伝票に記入する　住民票
でんぴょう　きにゅう　じゅうみんひょう
賛成の票を投じる　選挙で投票する
さんせい　ひょう　とう　せんきょ　とうひょう
一票の差
いっぴょう　さ

挑戦編　17章　社会-2

政治②
せいじ

Politics 2
政治②
Chính trị ②

省 (9)　はぶ-く　かえり-みる　ショウ　セイ

自分の行動を省みる　過ちを反省する
じぶん　こうどう　かえり　　あやま　はんせい
内省　実家に帰省する　手間を省く
ないせい　じっか　きせい　　てま　はぶ
省略　文部科学省
しょうりゃく　もんぶかがくしょう

庁 (5)　チョウ

中央省庁　官公庁　東京都庁
ちゅうおうしょうちょう　かんこうちょう　とうきょうとちょう
県庁所在地
けんちょうしょざいち

完 (7)　カン

い跡を完全な形で保存する
せき　かんぜん　かたち　ほぞん
エアコン完備　病気が完治する　完ぺき
かんび　びょうき　かんち　　かん
ビルが完成する　ドラマの完結編　完了
かんせい　　　　かんけつへん　かんりょう

臣 (7)　シン　ジン

大名の家臣　法務大臣　外務大臣
だいみょう　かしん　ほうむだいじん　がいむだいじん
財務大臣
ざいむだいじん

争 (6)　あらそ-う　ソウ

兄弟で財産をめぐって争う　戦争
きょうだい　ざいさん　　　あらそ　せんそう
鈴木さんはクラスで一二を争う人気者だ
すずき　　　　　　いちに　あらそ　にんきもの
一刻を争う病状　争いに巻き込まれる
いっこく　あらそ　びょうじょう　あらそ　ま　こ

敗 (11)　やぶ-れる　ハイ

試合に敗れる　選挙でライバルに敗れる
しあい　やぶ　　せんきょ　　　　　　やぶ
勝敗　大敗　一回戦敗退
しょうはい　たいはい　いっかいせんはいたい
失敗は成功のもと
しっぱい　せいこう

政治③

統 (12) す-べる　トウ

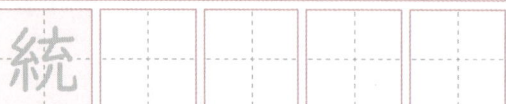

天下統一　国を統治する
部署を統合する　伝統を守る
統計をとる
△国家を統べる

衆 (12) シュウ　シュ

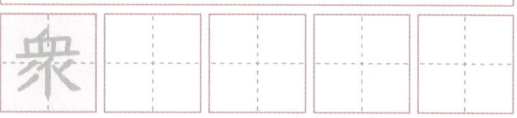

群衆を率いる　アメリカ合衆国　衆議院
民衆　大衆　観衆　聴衆
△衆生

秩 (10) チツ

社会の秩序を守る　組織の秩序を乱す

序 (7) ジョ

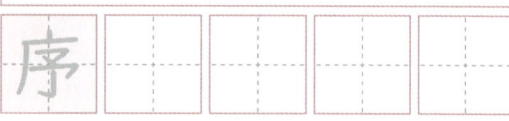

順序よく並ぶ　年功序列　オペラの序曲
序文を書く

閣 (14) カク

神社仏閣　金閣寺　内閣総理大臣
新内閣が発足した　閣僚　入閣
閣議が開かれる

批 (7) ヒ

政府を批判する　批評家

17章 復習

1. 漢字の読み方を書いてください。

① 友人の結婚式の司会を頼まれた。
② 帰省ラッシュの渋滞に巻き込まれた。
③ 条件に合った仕事が、なかなか見つからない。
④ 新社長の山田氏の発言に注目が集まっている。
⑤ 茶道などの日本の伝統文化に興味がある。
⑥ 地元出身の国会議員が初めて入閣した。
⑦ 最近はコンビニで住民票の写しが受け取れる。
⑧ 戦争をしないためには、国同士の相互理解が重要だ。
⑨ サッカー日本代表はドイツとの試合に敗れた。
⑩ 熱中症対策のため、学校にエアコンが完備された。

2. 漢字を書いてください。

① 東京とちょうの展望室から東京が見渡せる。
② 大学受験のため、試験たいさく講座に通っている。
③ 税金を上げることについて多くのひはんが出ている。
④ 子どもの学ぶけんりを守るための法律が作られた。
⑤ 3年ぶりに参議院せんきょが行われる。
⑥ あの二人は双子なのに全然にていない。
⑦ 市民マラソンで運営いいんをすることになった。
⑧ 社会のちつじょを保つために、法律を整備する。
⑨ こくさい協力は現地の人々との交流が大切だ。
⑩ 子どもの時、夏休みはそふぼの家で過ごしたものだ。

18章 社会-3

軍備
Armaments / 军备 / Quân bị

Society 3 / 社会3 / Xã hội 3

軍 (9) グン
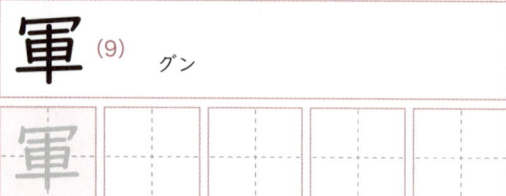
軍事　軍を率いる　軍備を増強する
ぐんじ　ぐんひき　ぐんび ぞうきょう
陸・海・空軍　一軍に上がる
りく かい くうぐん　いちぐん あ

兵 (7) ヘイ　ヒョウ
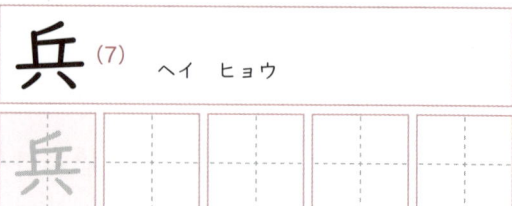
兵士
へいし
戦車やミサイルなどの兵器をさく減する
せんしゃ　　　　　　　へいき　　げん
生物兵器禁止条約
せいぶつへいき きんし じょうやく
△兵糧
ひょうろう

隊 (12) タイ
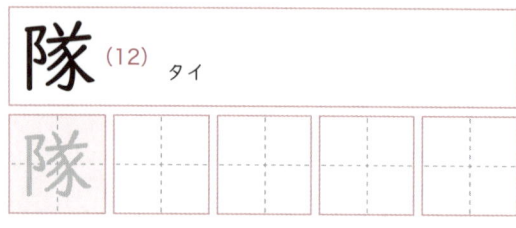
軍隊　兵隊　入隊する　部隊　隊長
ぐんたい　へいたい　にゅうたい　ぶたい　たいちょう
隊員　探検隊
たいいん　たんけんたい

銃 (14) ジュウ
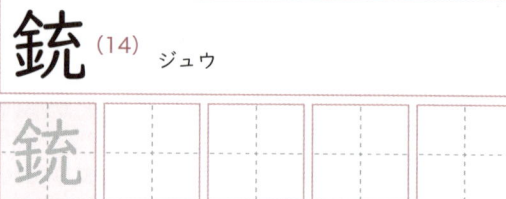
銃を撃つ　銃口を向ける　銃弾を受ける
じゅう う　じゅうこう む　じゅうだん う
激しい銃撃戦　短銃　けん銃　機関銃
はげ　じゅうげきせん　たんじゅう　　じゅう　きかんじゅう

砲 (10) ホウ
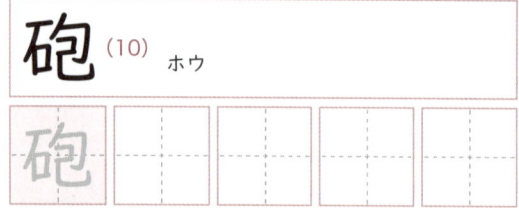
大砲を撃つ　発砲する
たいほう う　はっぽう
海上から砲撃する　砲台　鉄砲　祝砲
かいじょう　ほうげき　ほうだい　てっぽう　しゅくほう
空砲　集中砲火を浴びせる
くうほう　しゅうちゅうほうか あ

核 (10) カク

組織の中核　事件の核心に触れる
そしき ちゅうかく　じけん　かくしん ふ
核兵器を撤廃する　非核三原則　結核
かくへいき てっぱい　ひかくさんげんそく　けっかく
核家族
かくかぞく

挑戦編　18章　社会 - 3

攻撃
こうげき

Attack
攻击
Tấn công

攻 (7)　せーめる　コウ

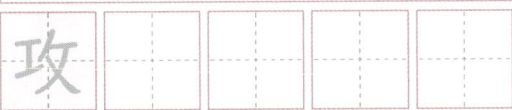

隣国を攻める　敵の城を攻略する　速攻
りんごく せ　　てき しろ こうりゃく　　そっこう
攻守を交替する　ドイツ語を専攻する
こうしゅ こうたい　　ご　　せんこう

撃 (15)　うーつ　ゲキ

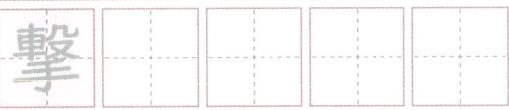

ピストルを撃つ　敵を攻撃する　突撃
う　　てき こうげき　　とつげき
台風が直撃する　目撃
たいふう ちょくげき　もくげき
災害で打撃を受ける
さいがい だげき う

爆 (19)　バク

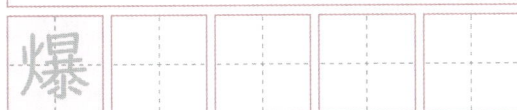

爆発する　爆破　軍事施設を爆撃する
ばくはつ　ばくは　ぐんじしせつ ばくげき
友人の話にみんなが爆笑した
ゆうじん はなし　　　　　　ばくしょう
怒りが爆発する
いか　ばくはつ

弾 (12)　ひーく　はずーむ　たま　ダン

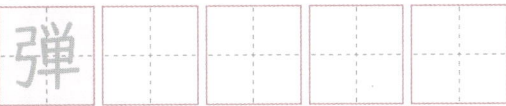

ピアノを弾く　よく弾むボール
ひ　　　　　　　はず
銃から弾を抜き取る　防弾チョッキ
じゅう たま ぬ と　　ぼうだん
原子爆弾　弾力性がある　話が弾む
げんしばくだん　だんりょくせい　はなし はず

射 (10)　いーる　シャ

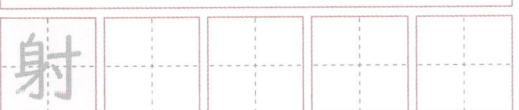

矢で的を射る　ミサイルを発射する
や まと い　　　　　　はっしゃ
射撃　射殺　注射　ロケット発射
しゃげき しゃさつ ちゅうしゃ　　　はっしゃ
光が反射する　的を射た意見
ひかり はんしゃ　　まと い いけん

武 (8)　ブ　ム

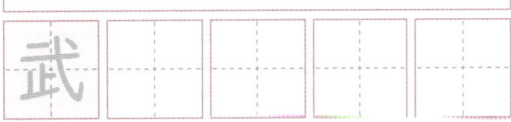

武力を行使する　武器を調達する　武士
ぶりょく こうし　　ぶき ちょうたつ　ぶし
兵士が武装する　文武両道
へいし ぶそう　　ぶんぶりょうどう
△武者修行
むしゃしゅぎょう

圧力
あつりょく

Pressure
压力
Áp lực

敵 (15) かたき / テキ

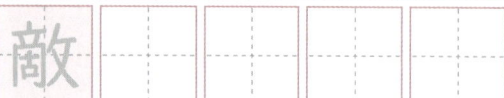

敵味方に分かれる　敵を討つ
てきみかた　わ　　かたき　う
敵対する　強敵　無敵　宿敵
てきたい　きょうてき　むてき　しゅくてき
油断大敵　匹敵する
ゆだんたいてき　ひってき

侵 (9) おかーす / シン

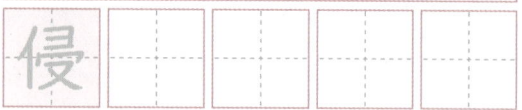

国境を侵す　敵国に侵攻する
こっきょう　おか　　てきこく　しんこう
隣国を侵略する　権利を侵害する
りんごく　しんりゃく　　けんり　しんがい
不法に侵入する
ふほう　しんにゅう

迫 (8) せまーる / ハク

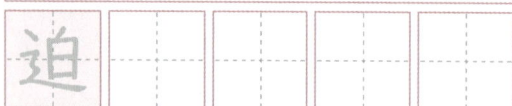

火の手が民家に迫る　台風が迫る
ひ　て　みんか　せま　　たいふう　せま
迫真の演技に感動する　迫力のある絵
はくしん　えんぎ　かんどう　　はくりょく　え
早い返答を迫る　緊迫した国際情勢
はや　へんとう　せま　　きんぱく　こくさいじょうせい
迫害　気迫に圧倒される
はくがい　きはく　あっとう

脅 (10) おびやーかす / おどーす / おどーかす / キョウ

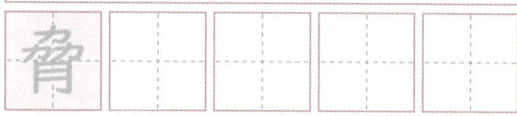

犯罪の増加が人々の安全を脅かす
はんざい　ぞうか　ひとびと　あんぜん　おびや
相手を脅して金を要求する
あいて　おど　かね　ようきゅう
急に大声を出して脅かす　脅迫
きゅう　おおごえ　だ　　おど　　きょうはく

屈 (8) クツ

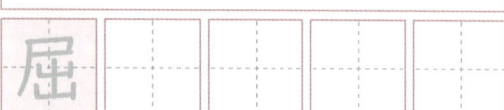

屈伸　敵の攻撃に屈する
くっしん　てき　こうげき　くっ
権力に屈服する　屈強な若者
けんりょく　くっぷく　　くっきょう　わかもの
屈折した心理　不屈の精神　退屈
くっせつ　しんり　　ふくつ　せいしん　たいくつ

討 (10) うーつ / トウ

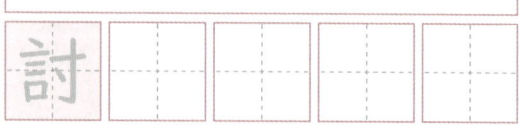

敵の武将を討つ　追討　討論を行う
てき　ぶしょう　う　　ついとう　とうろん　おこな
問題点を検討する
もんだいてん　けんとう

挑戦編　18章　社会-3

防衛
ぼうえい

Defense
防卫
Phòng vệ

衛 (16) エイ

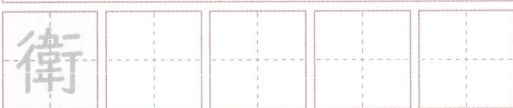

首相を護衛する　自衛する　防衛　衛兵
しゅしょう　ごえい　　じえい　　ぼうえい　えいへい
守衛　食品衛生　人工衛星
しゅえい　しょくひんえいせい　じんこうえいせい

盟 (13) メイ

同盟を結ぶ　国連に加盟する
どうめい　むす　　こくれん　　かめい
国際サッカー連盟　盟友に再会する
こくさい　　　　れんめい　めいゆう　さいかい

領 (14) リョウ

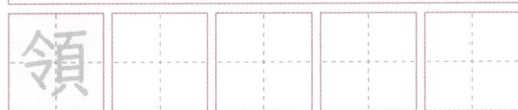

領土　領域　日本領事館　大統領
りょうど　りょういき　にほんりょうじかん　だいとうりょう
領収証　会社の金を横領する
りょうしゅうしょう　かいしゃ　かね　おうりょう

占 (5) うらな-う　し-める　セン

運勢を占う　占い　占星術
うんせい　うらな　うらな　せんせいじゅつ
裁判の行方を占う　過半数を占める
さいばん　ゆくえ　うらな　かはんすう　し
独占する　占有権　占領する
どくせん　せんゆうけん　せんりょう

裁判
さいばん

Trial
审判
Xét xử, kết án

裁 (12) さば-く た-つ サイ

人を裁く　裁判　けんかを仲裁する
ひと さば　　さいばん　　　　　ちゅうさい
布地を裁つ　裁ほう　裁ちばさみ
ぬのじ た　　さい　　た
独裁者　体裁を整える
どくさいしゃ　ていさい ととの

捜 (10) さが-す ソウ

かぎがなくなり家中を捜す
いえじゅう さが
殺人事件を捜査する
さつじんじけん そうさ
行方不明者の捜さく　捜し物が見つかる
ゆくえふめいしゃ そう　　さが もの　 み

護 (20) ゴ

弁護士　救護　迷子を保護する　援護
べんごし　きゅうご　まいご ほご　　　えんご
病人を看護する　介護　護身術
びょうにん かんご　　かいご　ごしんじゅつ

刑 (6) ケイ

刑に服する　刑法　刑事　死刑　処刑
けい ふく　　けいほう けいじ しけい しょけい
実刑判決が下る
じっけいはんけつ くだ

罰 (14) バツ バチ

罪と罰　刑罰を科す　法律で罰する
つみ ばつ　けいばつ か　　ほうりつ ばっ
罰則　罰金　処罰　罰が当たる
ばっそく ばっきん しょばつ ばち あ

18章 復習

1. 漢字の読み方を書いてください。

① 日本は1956年に国際連合に加盟した。
② 年配の刑事が私の家に聞き込みにやって来た。
③ 行方不明者を捜すために、警察犬が導入された。
④ この地域一帯は、台風の直撃で大きな被害を受けた。
⑤ 博物館に昔の大砲や銃などの武器が展示されている。
⑥ 核心に迫る鋭い質問で、相手を追い込んだ。
⑦ その男は私に銃口を向けて、大声で何か叫んだ。
⑧ 首相とアメリカ大統領との会談が決まった。
⑨ 走る前の準備運動で、ひざを屈伸する。
⑩ あらゆる兵器は人類の生存を脅かしている。

2. 漢字を書いてください。

① 交通違反をして、ばっきんを払うをことになった。
② この学校はぶんぶ両道を目指す生徒が多い。
③ 彼の発言は的をいた意見で、誰も反論できなかった。
④ 大学ではフランス文学をせんこうしていた。
⑤ テレビが面白くて家族全員でばくしょうした。
⑥ 公園に捨てられていた犬をほごした。
⑦ ごけんとうのほど、よろしくお願いいたします。
⑧ 感染症予防のため、えいせい管理に気をつける。
⑨ 事件の証人としてさいばんで証言する。
⑩ あの店のうらないは良く当たると評判だ。

19章 地名
地名①

Place Names 1
地名①
Địa danh ①

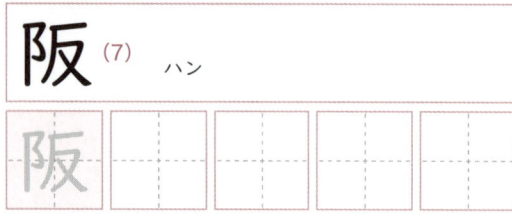

阪 (7) ハン

阪神　京阪
△大阪府

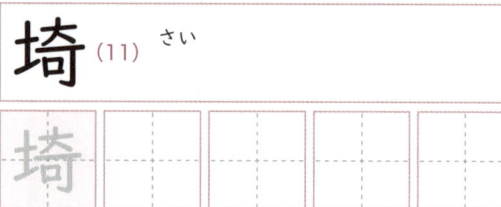

埼 (11) さい

埼玉県　埼京線

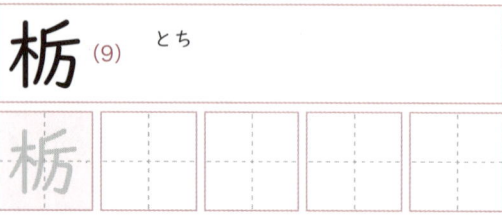

栃 (9) とち

栃木県

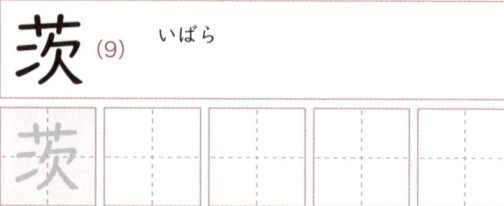

茨 (9) いばら

茨城県　茨の道

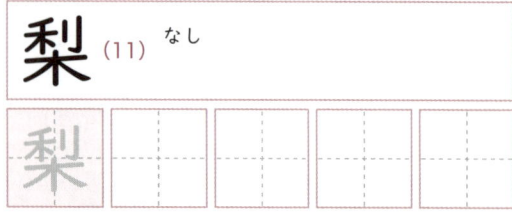

梨 (11) なし

梨　山梨県

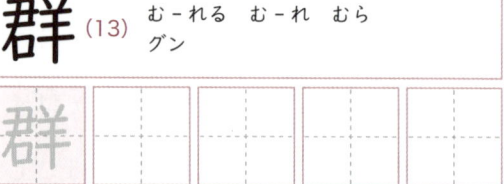

群 (13) む-れる　む-れ　むら　グン

鳥が群れて飛んでいる　羊の群れ
魚がえさに群がる　大群　抜群の成績
群馬県
△群雨

挑戦編　19章　地名

地名②
ちめい

Place Names 2
地名②
Địa danh ②

鹿(11)　しか　か

鹿の角　子鹿　鹿児島県
しか　つの　こじか　かごしまけん

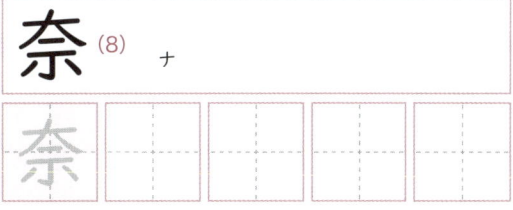

奈(8)　ナ

奈良県　神奈川県
ならけん　かながわけん

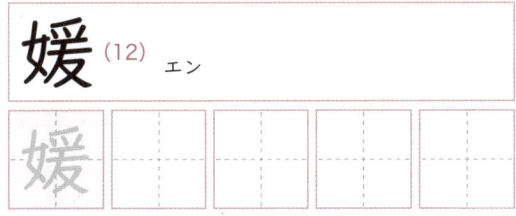

媛(12)　エン

才媛
さいえん
△愛媛県
えひめけん

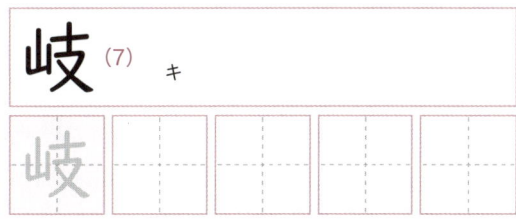

岐(7)　キ

道が2つに分岐している
みち　ぶんき
今が人生の分岐点だ　人生の岐路に立つ
いま じんせい ぶんきてん　じんせい きろ た
問題が多岐にわたる
もんだい たき

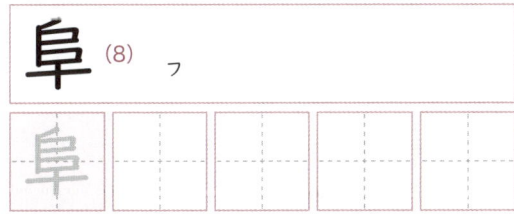

阜(8)　フ

△岐阜県
ぎふけん

地名③

岡山県 福岡県 静岡県

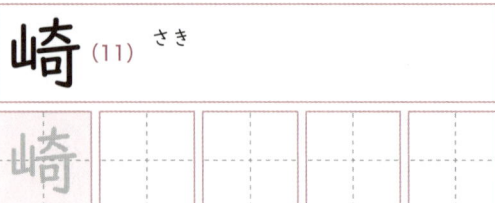

高崎市 宮崎県

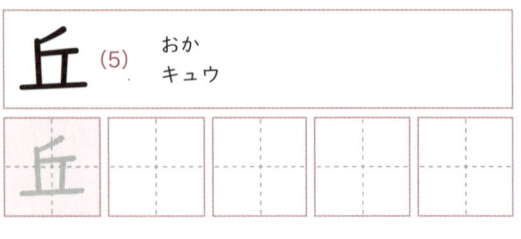

丘 砂丘

丁重にお断りする 丁字路 包丁 落丁
乱丁 新宿区西新宿7丁目

塚 (12) つか

塚 貝塚

19章 復習

1. 漢字の読み方を書いてください。

① 山梨県はぶどうの産地として知られている。
② 宮崎県は九州にある。
③ ここは貝塚が発見された街として有名だ。
④ 朝の埼京線はとても込んでいる。
⑤ 部屋に砂丘の写真が飾ってある。
⑥ 茨城県は関東地方の一部だ。
⑦ 車窓から羊の群れが見える。
⑧ 栃木県に行って、甘いいちごを買ってきた。
⑨ 愛媛県にある道後温泉は日本最古の温泉のひとつだ。
⑩ 阪神電車で大阪から神戸へ移動した。

2. 漢字を書いてください。

① さいたまけんは東京都の北に位置している。
② 山田さんはばつぐんの成績で大学を卒業した。
③ 彼の人生はまさにいばらの道だ。
④ ならは京都と並んで千年もの歴史のある古い街だ。
⑤ おかやまけんといえば昔話の「ももたろう」が有名だ。
⑥ 夏になり、なしが店頭に並び始めた。
⑦ おかの上からは、この町全体を見渡すことができる。
⑧ 広島県の宮島へ行き、しかと写真をとった。
⑨ あの時転職したのが、人生のきろだった。
⑩ 会社が後楽2ちょうめに移転した。

17章－19章 アチーブメントテスト

【1】次の文の下線をつけた言葉の読み方を①〜④の中から選び、番号を書いてください。

1. できるだけ争いごとは避けたいので、反論はあまりしないようにしている。
   ①たたかい　　②あらそい　　③おととい　　④いいあい

2. コンビニに刃物を持った男が現れて、「金を出せ」と店員を脅した。
   ①おどかした　　②おびやかした　　③おどろかした　　④おどした

3. インターネットの発達にともない、プライバシーが侵される危険性が高まっている。
   ①おかされる　　②ひたされる　　③はなされる　　④さらされる

4. 賛成意見が過半数を占めたため、この議案は可決とします。
   ①こめた　　②しめた　　③せめた　　④とめた

5. 私は子どものころからピアノを弾くのが好きで、今も時々楽しんでいる。
   ①ひく　　②たたく　　③かく　　④ふく

| 1. | 2. | 3. | 4. | 5. |

【2】次の文の下線をつけた言葉の漢字を①〜④の中から選び、番号を書いてください。

1. アメリカがっしゅうこくで日米首脳会談が行われた。
   ①合洲国　　②合集国　　③合衆国　　④合就国

2. 日本は1956年に国際連合にかめいした。
   ①加盟　　②加命　　③課盟　　④稼名

3. そのニュースキャスターはゲストに、問題のかくしんに迫る質問をしていた。
   ①革新　　②確信　　③核心　　④覚真

4. 5年間お付き合いした彼と、結婚式当日にせきを入れることにした。
   ①席　　②関　　③跡　　④籍

5. 出張のために新幹線のチケットを買い、りょうしゅうしょをもらった。
   ①領集書　　②領収書　　③療集書　　④料収書

| 1. | 2. | 3. | 4. | 5. |

17-19章　アチーブメントテスト

【3】①～⑳の下線部の漢字または読み方を書いてください。

7月29日（木）

今日、初めて①さいばんを見学することができた。今日扱われていた事件は、強盗傷害、不法②侵入の罪に問われたものであった。③もくげきしゃの話によると、犯人は二人組でどちらも黒いジャケットを着ていたそうだ。犯人は一人しか見つかっておらず、警察はもう一人を必死に④捜しているが、まだ見つかっていない。そして被疑者の⑤べんごしは「事件当日、赤いジャケットを着ている被疑者の姿が防犯カメラに映っていた」と彼の無実をうったえていたが、⑥実刑判決が下された。

9月15日（水）

来週の日曜日に行われる選挙を前に候補者たちは⑦こくみんの支持を得ようと全国を回っている。テレビでも自分たちの⑧せいさくをアピールし、毎日のように⑨党首による⑩とうろんが行われ、様々な意見が交わされている。先日は選挙の特別番組に⑪内閣総理⑫だいじんも出演していた。⑬せんきょけんはあるが、まだ一度も⑭とうひょうには行ったことがない。最近よく⑮祖父母が政治の話をしていて興味が出てきたから、今年こそは必ず行こうと思っている。

10月2日（土）

昨晩テレビで、A国とB国が⑯領土をめぐって争っているというニュースを見た。A国軍が⑰敵に⑱じゅうを向け、⑲はっぽうしている姿が映し出された。この影響でB国の治安は悪化し、盗難事件なども増えているという。B国軍は自衛のために国連に支援を求めたそうだが、一日も早くB国に⑳ちつじょが戻ることを願った。

①	②	③	④
⑤	⑥	⑦	⑧
⑨	⑩	⑪	⑫
⑬	⑭	⑮	⑯
⑰	⑱	⑲	⑳

17章－19章 クイズ

【1】日本地図を見て、正しい県名になるように□に漢字を書いてください。

1. 山□県（やま・けん）
2. □阜県（ふけん）
3. 大□府（おお・ふ）
4. □山県（やまけん）
5. 宮□県（みや・けん）
6. □児島県（ごしまけん）
7. 愛□県（え・けん）
8. □馬県（まけん）
9. □木県（ぎけん）
10. □城県（きけん）
11. □玉県（たまけん）
12. 神□川県（か・がわけん）

★東京都（とうきょうと）

【2】下から漢字を選んで□に入れ、言葉を作ってください。（　）に～～～の読み方も書いてください。

例．工場で｜爆｜発事故があり、住民が避難した。　　　　（ばくはつじこ）

1. 日本では飲酒運転をした場合の刑｜□｜がとても厳しい。　（　　　　）
2. 多くの人工｜□｜星が今も地球の周りを回っている。　　（　　　　）
3. 昨日のテレビドラマは退｜□｜で、いつの間にか寝てしまった。（　　　　）
4. 首相が欧米の国々との｜□｜約に署名をした。　　　　（　　　　）
5. 今回は失敗してしまったが、反｜□｜をして次に生かしたい。（　　　　）

| 衛 | 規 | 偶 | 屈 | 省 | 罪 | 条 | ~~爆~~ | 罰 |

17－19章　クイズ

【3】（　　）の中にカタカナの読み方をする漢字を書いてください。

1. グン
　① 家の近くに（　　）事基地があり、時々訓練の様子が見える。
　② 鳥の大（　　）が上空を飛んでいる。

2. トウ
　① 世論調査の結果によると、政（　　）の支持率は上昇してきているそうだ。
　② 織田信長は天下（　　）一を目指した武将として有名だ。
　③ 問題点を検（　　）して、解決方法を考える。

3. サイ
　① 彼らは国（　　）的に有名な歌手で、世界中で人気がある。
　② 社会科の授業の一環で、（　　）判の見学へ行った。
　③ 友人が（　　）玉県に住んでいるので、週末遊びに行く予定だ。

【4】組み合わせて漢字2文字の言葉にして、（　　）に読み方も書いてください。

1. 布 ＋ 艮 ＋ 刂 ＋ 月 ＝ □□ （　　　）
2. 扌 ＋ 刂 ＋ 半 ＋ 比 ＝ □□ （　　　）
3. 主 ＋ 寸 ＋ 氵 ＋ 身 ＝ □□ （　　　）
4. 艮 ＋ 攵 ＋ 辶 ＋ 貝 ＝ □□ （　　　）

【5】AのグループとBのグループを組み合わせて、四字熟語を作ってください。

Aグループ：文武、完全、油断、正当、条件、集中
Bグループ：大敵、両道、砲火、反射、燃焼、防衛

例．勉学にも運動にも優れているということ　　（　文武両道　）

1. 犬にえさを見せると自然とつばが出るような反応のこと　（　　　　）
2. 持てる全ての力を出し切って努力すること　（　　　　）
3. 気を抜くと思わぬ失敗につながるという教訓　（　　　　）
4. 身を守るためにやむをえずとった行動　（　　　　）
5. 一か所に集中的に非難や批判を向けること　（　　　　）

挑戦編 まとめテスト

【1】次の文の下線をつけた言葉の読み方を①～④の中から選び、番号を書いてください。

1. 寝不足で頭の働きが鈍って、簡単なミスをしてしまった。
   ①にぶって　②しぶって　③こおって　④とどこおって

2. 将来はいなかに住み、農業に携わりたいと思っている。
   ①かかわり　②さわり　③たずさわり　④まじわり

3. あんな美人の彼女がいるなんて、岸さんも隅におけない人だ。
   ①すみに　②ぐうに　③はしに　④たてに

4. 裁判では、人は公正に裁かれなければならない。
   ①つかれ　②さばかれ　③なげかれ　④まねかれ

5. 警察は犯人の「逃走用の車を用意しろ」という要求を拒んだ。
   ①えらんだ　②はげんだ　③かんだ　④こばんだ

| 1. | 2. | 3. | 4. | 5. |

【2】次の文の下線をつけた言葉の漢字を①～④の中から選び、番号を書いてください。

1. 今週の土曜に予定されていた運動会は雨のため日程がのびてしまった。
   ①伸びて　②更びて　③延びて　④誕びて

2. かたいボールを使うようになって、ゴルフのスコアが伸びた。
   ①堅い　②固い　③硬い　④難い

3. 運転をあやまって、交差点で危うく大事故を起こすところだった。
   ①謝って　②過って　③省って　④誤って

4. いくら家の近所をさがしても、ペットの猫は見つからなかった。
   ①捜して　②携して　③探して　④指して

5. 日本では都市化や高度経済成長とともにかくかぞく化が進んだ。
   ①各家族　②核家族　③格家族　④閣家族

| 1. | 2. | 3. | 4. | 5. |

【3】①〜㉚の下線部の漢字または読み方を書いてください。

先週の三連休に、大学のサークルの友達と①紅葉を見に京都と②奈良へ旅行に行った。途中でひどい③じゅうたいに巻き込まれて疲れてしまったが、赤や黄色の④鮮やかな山の景色を見て、みんなの疲れも吹き飛んだ。

奈良では公園を⑤さんぽし、⑥鹿と触れ合った。それから京都へ移動し、有名な⑦ぶつぞうや⑧城跡を見たりした。京都の小高い丘から見た⑨夕暮れは本当に⑩うつくしく、⑪感極まって涙が出るほどだった。

夜、宿泊先の旅館で⑫宴会を⑬催し、楽しくお酒を⑭酌み交わし、⑮てつやで声が⑯かれるまで⑰さわいだり⑱おどったりした。ホテルのスタッフに⑲きびしく注意されたようだが、前日の⑳きおくはあまり残っていない。㉑睡眠不足だったが、次の日の朝はこの旅館名物の㉒源泉かけ流しのお湯を㉓まんきつした。午後は近くの㉔牧場へ行って、たくさんの牛や㉕ひつじを見てのんびり過ごした。

帰り道に㉖ぐうぜん寄ったお店に㉗めずらしいジャムの㉘瓶詰めが売られていた。㉙妊娠中の姉へのおみやげに、このジャムと㉚おかしを買った。とても楽しい旅行だった。

①	②	③	④	⑤
⑥	⑦	⑧	⑨	⑩
⑪	⑫	⑬	⑭	⑮
⑯	⑰	⑱	⑲	⑳
㉑	㉒	㉓	㉔	㉕
㉖	㉗	㉘	㉙	㉚

索引 (さくいん)

読み	漢字	ページ	章
あ			
あ−がる	挙	152	17章
アク	握	75	8章
あ−げる	挙	152	17章
あざ−やか	鮮	128	14章
あし	脚	124	13章
あず−かる	預	30	2章
あず−ける	預	30	2章
あそ−ぶ	遊	76	8章
あたい	価	56	5章
あたい	値	59	6章
あた−える	与	129	14章
アツ	圧	45	4章
あ−てる	充	61	6章
あ−てる	宛	106	11章
あと	跡	144	16章
あな	穴	140	15章
あば−く	暴	68	7章
あば−れる	暴	68	7章
あぶら	脂	120	13章
あま−い	甘	39	3章
あま−える	甘	39	3章
あま−す	余	61	6章
あま−やかす	甘	39	3章
あま−る	余	61	6章
あ−む	編	62	6章
あやま−ち	過	26	2章
あやま−つ	過	26	2章
あやま−る	謝	75	8章
あやま−る	誤	143	16章
あら−い	荒	87	9章
あらし	嵐	84	9章
あ−らす	荒	87	9章
あらそ−う	争	153	17章
あらた−まる	改	56	5章
あらた−める	改	56	5章
あらわ−す	著	23	1章
あ−れる	荒	87	9章
あわ	泡	137	15章
アン	案	55	5章
い			
イ	違	27	2章
イ	異	42	4章
イ	胃	44	4章
イ	依	55	5章
イ	囲	74	8章
イ	偉	113	12章
い	井	137	15章
イ	委	152	17章
イキ	域	22	1章
いきお−い	勢	38	3章
いさぎよ−い	潔	123	13章
いさ−む	勇	113	12章
いずみ	泉	137	15章
いそが−しい	忙	52	5章
いだ−く	抱	75	8章
いた−す	致	77	8章
いただき	頂	78	8章
いただ−く	頂	78	8章
いた−む	傷	46	4章
いた−める	傷	46	4章
いちじる−しい	著	23	1章
いとな−む	営	58	6章
いのち	命	42	4章
いの−る	祈	144	16章
いばら	茨	162	19章
いや	嫌	70	7章
い−る	居	24	1章
い−る	射	157	18章
いろど−る	彩	128	14章

読み	漢字	ページ	章
イン	因	45	4章
イン	印	72	7章
う			
ウ	宇	136	15章
うかが−う	伺	78	8章
う−かぶ	浮	88	9章
う−かべる	浮	88	9章
う−かれる	浮	88	9章
う−く	浮	88	9章
うけたまわ−る	承	78	8章
うじ	氏	151	17章
うす−い	薄	39	3章
うす−まる	薄	39	3章
うす−める	薄	39	3章
うす−らぐ	薄	39	3章
うす−れる	薄	39	3章
うたが−う	疑	71	7章
う−つ	撃	157	18章
う−つ	討	158	18章
うつく−しい	美	127	14章
うで	腕	43	4章
う−まる	埋	88	9章
う−まれる	産	94	10章
う−む	産	94	10章
うめ	梅	126	14章
う−める	埋	88	9章
う−もれる	埋	88	9章
うぶ	産	94	10章
うやま−う	敬	77	8章
うら	裏	62	6章
うらな−う	占	159	18章
う−る	得	60	6章
え			
エ	依	55	5章
え	柄	114	12章
エ	恵	137	15章
え	江	139	15章
エイ	栄	40	3章
エイ	営	58	6章
エイ	影	85	9章
エイ	鋭	112	12章
エイ	衛	159	18章
エキ	役	58	6章
エキ	益	60	6章
えだ	枝	127	14章
エツ	越	22	1章
えら−い	偉	113	12章
え−る	得	60	6章
エン	炎	86	9章
エン	援	88	9章
エン	煙	120	13章
エン	宴	142	16章
エン	延	143	16章
エン	媛	163	19章
お			
オ	汚	24	1章
お	緒	75	8章
オウ	応	53	5章
オウ	殴	70	7章
オウ	奥	105	11章
オウ	往	108	11章
オウ	桜	126	14章
おか	岡	164	19章
おか	丘	164	19章
おか−す	犯	71	7章
おか−す	侵	158	18章
おが−む	拝	78	8章
おき	沖	139	15章
おく	奥	105	11章
オク	憶	143	16章
おく−る	贈	20	1章

さくいん

読み	漢字	ページ	章
おごそーか	厳	110	12章
おさーまる	納	59	6章
おさーまる	修	90	10章
おさーめる	納	59	6章
おさーめる	修	90	10章
おそーれる	恐	68	7章
おそーろしい	恐	68	7章
おどーかす	脅	158	18章
おどーす	脅	158	18章
おとずーれる	訪	53	5章
おどーり	踊	142	16章
おどーる	踊	142	16章
おびやーかす	脅	158	18章
おん	御	77	8章
か カ	仮	22	1章
カ	過	26	2章
カ	貨	30	2章
カ	課	53	5章
カ	価	56	5章
カ	加	61	6章
カ	菓	106	11章
カ	稼	110	12章
カ	靴	114	12章
カ	華	124	13章
か	香	127	14章
か	鹿	163	19章
ガ	我	74	8章
カイ	快	39	3章
カイ	改	56	5章
カイ	皆	75	8章
カイ	壊	86	9章
カイ	街	108	11章
カイ	灰	128	14章
ガイ	害	85	9章
ガイ	街	108	11章
かーう	飼	129	14章
かえりーみる	省	153	17章
かーえる	換	29	2章
かーえる	替	29	2章
かおーり	香	127	14章
かおーる	香	127	14章
かかーえる	抱	75	8章
かがみ	鏡	124	13章
かかり	掛	38	3章
かーかる	掛	38	3章
かぎーる	限	90	10章
カク	較	55	5章
カク	拡	58	6章
カク	革	114	12章
カク	閣	154	17章
カク	核	156	18章
ガク	額	59	6章
かげ	影	85	9章
かーける	掛	38	3章
かこーう	囲	74	8章
かこーむ	囲	74	8章
かさ	傘	114	12章
かざーる	飾	127	14章
かしこーい	賢	113	12章
かせーぐ	稼	110	12章
かた	肩	43	4章
かた	片	62	6章
かたーい	固	39	3章
かたーい	堅	112	12章
かたーい	硬	112	12章
かたき	敵	158	18章
かたな	刀	37	3章
かたーまる	固	39	3章
かたむーく	傾	86	9章
かたむーける	傾	86	9章
かたーめる	固	39	3章

読み	漢字	ページ	章
カツ	割	69	7章
カツ	渇	123	13章
かーねる	兼	52	5章
かぶ	株	60	6章
かべ	壁	104	11章
かみ	髪	124	13章
かみなり	雷	84	9章
がら	柄	114	12章
からーい	辛	107	11章
かーらす	枯	127	14章
かり	仮	22	1章
かーれる	枯	127	14章
かわ	皮	46	4章
かわ	革	114	12章
かわーかす	乾	84	9章
かわーく	渇	123	13章
かわーく	乾	84	9章
かーわる	換	29	2章
かーわる	替	29	2章
カン	刊	23	1章
カン	巻	23	1章
カン	換	29	2章
カン	甘	39	3章
カン	慣	52	5章
カン	勧	72	7章
カン	乾	84	9章
カン	簡	112	12章
カン	看	122	13章
カン	患	122	13章
カン	環	136	15章
カン	完	153	17章
ガン	含	21	1章
ガン	頑	113	12章
ガン	眼	122	13章
き キ	企	55	5章
キ	基	91	10章
キ	規	92	10章
キ	寄	142	16章
キ	祈	144	16章
キ	岐	163	19章
ギ	疑	71	7章
ギ	義	90	10章
キク	菊	126	14章
きざーむ	刻	27	2章
きず	傷	46	4章
きそーう	競	52	5章
きたなーい	汚	24	1章
キツ	詰	107	11章
キツ	喫	120	13章
きびーしい	厳	110	12章
キャ	脚	124	13章
キャク	脚	124	13章
キュウ	丘	164	19章
キョ	居	24	1章
キョ	許	92	10章
キョ	距	108	11章
キョ	拒	110	12章
キョ	挙	152	17章
ギョ	漁	28	2章
ギョ	御	77	8章
きよーい	清	24	1章
キョウ	胸	43	4章
キョウ	況	45	4章
キョウ	競	52	5章
キョウ	恐	68	7章
キョウ	叫	70	7章
キョウ	協	74	8章
キョウ	共	74	8章
キョウ	響	85	9章
キョウ	狭	105	11章
キョウ	鏡	124	13章

173

読み（よみ）	漢字（かんじ）	ページ	章（しょう）
キョウ	香	127	14章
キョウ	境	136	15章
キョウ	脅	158	18章
キョク	極	136	15章
きよーまる	清	24	1章
きよーめる	清	24	1章
きらーう	嫌	70	7章
きわ	際	150	17章
きわーまる	極	136	15章
きわーみ	極	136	15章
きわーめる	極	136	15章
キン	筋	44	4章
キン	勤	56	5章
キン	緊	69	7章
キン	禁	92	10章
キン	菌	123	13章
く			
ク	句	36	3章
ク	紅	128	14章
グウ	隅	111	12章
グウ	偶	151	17章
くずーす	崩	86	9章
くずーれる	崩	86	9章
くつ	靴	114	12章
クツ	掘	140	15章
クツ	屈	158	18章
くばーる	配	20	1章
くーむ	酌	142	16章
くら	蔵	40	3章
くーらす	暮	106	11章
くらーべる	比	55	5章
くれない	紅	128	14章
くーれる	暮	106	11章
くわーえる	加	61	6章
くわーしい	詳	112	12章
くわだーてる	企	55	5章
くわーわる	加	61	6章
クン	訓	93	10章
グン	軍	156	18章
グン	群	162	19章
け			
ケ	仮	22	1章
ケ	華	124	13章
ケイ	契	22	1章
ケイ	競	52	5章
ケイ	景	58	6章
ケイ	敬	77	8章
ケイ	傾	86	9章
ケイ	警	93	10章
ケイ	携	110	12章
ケイ	境	136	15章
ケイ	恵	137	15章
ケイ	刑	160	18章
けがーす	汚	24	1章
けがーらわしい	汚	24	1章
けがーれる	汚	24	1章
ゲキ	劇	37	3章
ゲキ	激	87	9章
ゲキ	撃	157	18章
ケツ	潔	123	13章
ケツ	穴	140	15章
けむーい	煙	120	13章
けむり	煙	120	13章
けむーる	煙	120	13章
ケン	券	20	1章
ケン	健	42	4章
ケン	肩	43	4章
ケン	兼	52	5章
ケン	嫌	70	7章
ケン	件	71	7章
ケン	軒	104	11章
ケン	堅	112	12章
ケン	賢	113	12章

読み（よみ）	漢字（かんじ）	ページ	章（しょう）
ケン	権	152	17章
ゲン	減	61	6章
ゲン	嫌	70	7章
ゲン	限	90	10章
ゲン	玄	104	11章
ゲン	厳	110	12章
ゲン	眼	122	13章
ゲン	源	137	15章
こ			
コ	固	39	3章
コ	雇	54	5章
コ	枯	127	14章
ゴ	互	74	8章
ゴ	御	77	8章
ゴ	誤	143	16章
ゴ	護	160	18章
こーい	濃	39	3章
コウ	港	26	2章
コウ	航	28	2章
コウ	康	42	4章
コウ	購	59	6章
コウ	洪	87	9章
コウ	荒	87	9章
コウ	講	90	10章
コウ	硬	112	12章
コウ	香	127	14章
コウ	紅	128	14章
コウ	江	139	15章
コウ	鉱	140	15章
コウ	更	143	16章
コウ	攻	157	18章
こうむーる	被	86	9章
こーえる	越	22	1章
こーえる	超	143	16章
こおーる	凍	138	15章
コク	刻	27	2章
ゴク	極	136	15章
こごーえる	凍	138	15章
こころよーい	快	39	3章
こし	腰	43	4章
こーす	越	22	1章
こーす	超	143	16章
こたーえる	応	53	5章
コツ	骨	44	4章
こと	異	42	4章
こばーむ	拒	110	12章
こーむ	混	21	1章
こーむ	込	29	2章
こーめる	込	29	2章
ころーす	殺	68	7章
こわーい	怖	70	7章
こわーす	壊	86	9章
こわーれる	壊	86	9章
コン	混	21	1章
コン	紺	128	14章
ゴン	勤	56	5章
ゴン	厳	110	12章
ゴン	権	152	17章
さ			
サ	砂	139	15章
サイ	採	54	5章
サイ	債	60	6章
サイ	財	60	6章
サイ	殺	68	7章
サイ	災	85	9章
サイ	歳	106	11章
サイ	彩	128	14章
サイ	催	142	16章
サイ	際	150	17章
サイ	裁	160	18章
さい	埼	162	19章
ザイ	財	60	6章
ザイ	罪	71	7章

さくいん

読み	漢字	ページ	章
ザイ	剤	123	13章
さかい	境	136	15章
さか−える	栄	40	3章
さが−す	捜	160	18章
さか−る	盛	21	1章
さか−ん	盛	21	1章
さき	崎	164	19章
さ−く	割	69	7章
サク	酢	107	11章
さ−く	咲	127	14章
サク	策	150	17章
さくら	桜	126	14章
さけ−ぶ	叫	70	7章
さ−ける	避	88	9章
さ−さる	刺	122	13章
さ−す	刺	122	13章
さそ−う	誘	72	7章
サツ	札	30	2章
サツ	殺	68	7章
サツ	察	93	10章
サツ	刷	111	12章
ザツ	雑	23	1章
さば−く	裁	160	18章
さら	更	143	16章
さわ	沢	137	15章
さわ−ぐ	騒	142	16章
さわ−る	触	46	4章
サン	参	77	8章
サン	産	94	10章
サン	傘	114	12章
サン	散	129	14章
シ	誌	23	1章
シ	詩	36	3章
シ	詞	36	3章
シ	姿	38	3章
シ	士	40	3章
シ	資	58	6章
シ	伺	78	8章
シ	脂	120	13章
シ	視	122	13章
シ	刺	122	13章
シ	枝	127	14章
シ	紫	128	14章
シ	飼	129	14章
シ	司	150	17章
シ	氏	151	17章
ジ	除	61	6章
ジ	似	151	17章
しか	鹿	163	19章
し−く	敷	105	11章
しずく	滴	138	15章
しず−む	沈	88	9章
しず−める	沈	88	9章
した	舌	122	13章
したが−う	従	53	5章
したが−える	従	53	5章
したた−る	滴	138	15章
シツ	湿	84	9章
しぶ	渋	108	11章
しぶ−い	渋	108	11章
しぶ−る	渋	108	11章
しめ−す	湿	84	9章
しめ−る	湿	84	9章
し−める	占	159	18章
シャ	謝	75	8章
シャ	斜	111	12章
シャ	砂	139	15章
シャ	射	157	18章
シャク	酌	142	16章
シュ	修	90	10章
シュ	衆	154	17章

読み	漢字	ページ	章
ジュ	就	53	5章
ジュ	従	53	5章
ジュ	需	110	12章
シュウ	宗	37	3章
シュウ	就	53	5章
シュウ	周	74	8章
シュウ	修	90	10章
シュウ	衆	154	17章
ジュウ	汁	21	1章
ジュウ	柔	38	3章
ジュウ	従	53	5章
ジュウ	充	61	6章
ジュウ	渋	108	11章
ジュウ	縦	111	12章
ジュウ	銃	156	18章
シュク	縮	58	6章
ジュク	塾	91	10章
ジュツ	述	91	10章
ジュン	純	39	3章
ショ	処	46	4章
ショ	緒	75	8章
ショ	署	93	10章
ジョ	除	61	6章
ジョ	序	154	17章
ショウ	招	20	1章
ショウ	証	22	1章
ショウ	清	24	1章
ショウ	照	30	2章
ショウ	昭	40	3章
ショウ	症	45	4章
ショウ	傷	46	4章
ショウ	従	53	5章
ショウ	章	62	6章
ショウ	象	72	7章
ショウ	召	78	8章
ショウ	承	78	8章
ショウ	将	91	10章
ショウ	床	104	11章
ショウ	詳	112	12章
ショウ	装	114	12章
ショウ	粧	124	13章
ショウ	松	126	14章
ショウ	昇	136	15章
ショウ	井	137	15章
ショウ	沼	138	15章
ショウ	精	144	16章
ショウ	省	153	17章
ジョウ	盛	21	1章
ジョウ	城	40	3章
ジョウ	状	45	4章
ジョウ	冗	76	8章
ジョウ	畳	104	11章
ジョウ	浄	138	15章
ジョウ	条	150	17章
ショク	触	46	4章
ショク	飾	127	14章
しる	汁	21	1章
しるし	印	72	7章
しろ	城	40	3章
シン	振	30	2章
シン	診	42	4章
シン	針	46	4章
シン	申	77	8章
シン	震	85	9章
シン	津	87	9章
シン	辛	107	11章
シン	娠	121	13章
シン	臣	153	17章
シン	侵	158	18章
ジン	刃	72	7章
ジン	臣	153	17章

読み	漢字	ページ	章
す	酢	107	11章
す	巣	129	14章
スイ	吹	87	9章
スイ	睡	120	13章
すがた	姿	38	3章
すぎ	杉	126	14章
すーぎる	過	26	2章
すーごす	過	26	2章
すこーやか	健	42	4章
すじ	筋	44	4章
すずーしい	涼	84	9章
すずーむ	涼	84	9章
すすーめる	勧	72	7章
すな	砂	139	15章
すーべる	統	154	17章
すみ	隅	111	12章
すみ	炭	140	15章
すーる	刷	111	12章
するどーい	鋭	112	12章
せ	背	43	4章
せ	瀬	138	15章
セイ	盛	21	1章
セイ	清	24	1章
セイ	整	24	1章
セイ	製	28	2章
セイ	勢	38	3章
せい	背	43	4章
セイ	歳	106	11章
セイ	井	137	15章
セイ	精	144	16章
セイ	制	150	17章
セイ	省	153	17章
セキ	責	68	7章
セキ	跡	144	16章
セキ	籍	151	17章
セチ	節	44	4章
セツ	節	44	4章
セツ	殺	68	7章
ゼツ	舌	122	13章
ゼツ	絶	130	14章
せばーまる	狭	105	11章
せばーめる	狭	105	11章
せまーい	狭	105	11章
せまーる	迫	158	18章
せーめる	責	68	7章
せーめる	攻	157	18章
せーる	競	52	5章
セン	専	90	10章
セン	鮮	128	14章
セン	泉	137	15章
セン	占	159	18章
ゼン	善	56	5章
ソ	祖	151	17章
ソウ	贈	20	1章
ソウ	掃	24	1章
ソウ	宗	37	3章
ソウ	総	54	5章
ソウ	燥	84	9章
ソウ	荘	105	11章
ソウ	装	114	12章
ソウ	双	121	13章
ソウ	巣	129	14章
ソウ	層	139	15章
ソウ	騒	142	16章
ソウ	争	153	17章
ソウ	捜	160	18章
ゾウ	贈	20	1章
ゾウ	雑	23	1章
ゾウ	蔵	40	3章
ゾウ	臓	44	4章
ゾウ	増	61	6章
ゾウ	憎	70	7章
ゾウ	象	72	7章
ゾウ	像	144	16章
ソク	則	92	10章
ソク	即	110	12章
そこーなう	損	60	6章
そこーねる	損	60	6章
そむーく	背	43	4章
そむーける	背	43	4章
ソン	損	60	6章
ソン	尊	77	8章
ソン	孫	151	17章
タイ	替	29	2章
タイ	態	45	4章
タイ	滞	108	11章
タイ	隊	156	18章
たーえる	絶	130	14章
たがーい	互	74	8章
たから	宝	40	3章
たき	滝	138	15章
タク	沢	137	15章
だーく	抱	75	8章
たずさーえる	携	110	12章
たずさーわる	携	110	12章
たずーねる	訪	53	5章
たたみ	畳	104	11章
たたーむ	畳	104	11章
たーつ	絶	130	14章
たーつ	裁	160	18章
ダツ	脱	38	3章
たっとーい	尊	77	8章
たっとーぶ	尊	77	8章
たて	縦	111	12章
たのーむ	頼	55	5章
たのーもしい	頼	55	5章
たま	弾	157	18章
たみ	民	152	17章
たーやす	絶	130	14章
たよーる	頼	55	5章
だれ	誰	76	8章
タン	端	111	12章
タン	誕	121	13章
タン	炭	140	15章
ダン	弾	157	18章
チ	値	59	6章
チ	恥	70	7章
チ	致	77	8章
ちがーう	違	27	2章
ちがーえる	違	27	2章
ちぎーる	契	22	1章
チク	畜	130	14章
ちぢーまる	縮	58	6章
ちぢーむ	縮	58	6章
ちぢーめる	縮	58	6章
ちぢーらす	縮	58	6章
ちぢーれる	縮	58	6章
チツ	秩	154	17章
チュウ	駐	26	2章
チュウ	宙	136	15章
チュウ	沖	139	15章
チョ	著	23	1章
チョ	緒	75	8章
チョウ	帳	30	2章
チョウ	張	69	7章
チョウ	頂	78	8章
チョウ	超	143	16章
チョウ	庁	153	17章
チョウ	丁	164	19章
ちーらかす	散	129	14章
ちーらかる	散	129	14章
ちーらす	散	129	14章

さくいん

読み	漢字	ページ	章
ちーる	散	129	14章
チン	賃	22	1章
チン	沈	88	9章
チン	珍	113	12章
つ　つ	津	87	9章
つか	塚	164	19章
つかーまえる	捕	93	10章
つかーまる	捕	93	10章
つかーれる	疲	52	5章
つーく	就	53	5章
つーける	就	53	5章
つつ	筒	106	11章
つとーまる	勤	56	5章
つとーまる	務	56	5章
つとーめる	勤	56	5章
つとーめる	務	56	5章
つのーる	募	54	5章
つぶ	粒	107	11章
つーまる	詰	107	11章
つみ	罪	71	7章
つーむ	詰	107	11章
つーめる	詰	107	11章
て　テイ	庭	24	1章
テイ	停	27	2章
テイ	丁	164	19章
デイ	泥	88	9章
テキ	適	54	5章
テキ	滴	138	15章
テキ	敵	158	18章
テツ	徹	143	16章
てーらす	照	30	2章
てーる	照	30	2章
てーれる	照	30	2章
テン	展	36	3章
テン	殿	144	16章
デン	殿	144	16章
と　ト	渡	20	1章
ト	途	26	2章
ト	吐	123	13章
トウ	到	26	2章
トウ	刀	37	3章
トウ	納	59	6章
トウ	逃	68	7章
トウ	盗	72	7章
トウ	等	94	10章
トウ	筒	106	11章
トウ	糖	107	11章
トウ	灯	108	11章
トウ	凍	138	15章
トウ	党	152	17章
トウ	統	154	17章
トウ	討	158	18章
ドウ	堂	37	3章
ドウ	導	90	10章
ドウ	洞	140	15章
ドウ	銅	140	15章
とうとーい	尊	77	8章
とうとーぶ	尊	77	8章
とーかす	溶	21	1章
とーく	溶	21	1章
トク	得	60	6章
ドク	毒	68	7章
とーける	溶	21	1章
とこ	床	104	11章
とち	栃	162	19章
とどーく	届	20	1章
とどーける	届	20	1章
とどこおーる	滞	108	11章
ととのーう	整	24	1章
ととのーえる	整	24	1章
となり	隣	105	11章

読み	漢字	ページ	章
となーる	隣	105	11章
との	殿	144	16章
どの	殿	144	16章
とみ	富	94	10章
とーむ	富	94	10章
とも	共	74	8章
とーらえる	捕	93	10章
とーらわれる	捕	93	10章
とーる	採	54	5章
とーる	捕	93	10章
どろ	泥	88	9章
トン	豚	130	14章
どん	丼	21	1章
ドン	鈍	112	12章
どんぶり	丼	21	1章
な　ナ	納	59	6章
ナ	奈	163	19章
なぐーる	殴	70	7章
なし	梨	162	19章
ナッ	納	59	6章
ななーめ	斜	111	12章
なみ	並	23	1章
なみ	波	87	9章
なーらす	慣	52	5章
ならーびに	並	23	1章
ならーぶ	並	23	1章
ならーべる	並	23	1章
なーれる	慣	52	5章
ナン	軟	38	3章
ナン	納	59	6章
に　にーがす	逃	68	7章
にぎーる	握	75	8章
にくーい	憎	70	7章
にくーしみ	憎	70	7章
にくーむ	憎	70	7章
にくーらしい	憎	70	7章
にーげる	逃	68	7章
にぶーい	鈍	112	12章
にぶーる	鈍	112	12章
ニュウ	柔	38	3章
にーる	似	151	17章
にわ	庭	24	1章
ニン	妊	121	13章
ぬ　ぬーかす	抜	46	4章
ぬーかる	抜	46	4章
ぬーく	抜	46	4章
ぬーぐ	脱	38	3章
ぬーける	抜	46	4章
ぬーげる	脱	38	3章
ぬすーむ	盗	72	7章
ぬの	布	37	3章
ぬま	沼	138	15章
ね　ね	値	59	6章
ねこ	猫	129	14章
ねむーい	眠	120	13章
ねむーる	眠	120	13章
の　ノウ	濃	39	3章
ノウ	脳	44	4章
ノウ	納	59	6章
ノウ	農	94	10章
のがーす	逃	68	7章
のがーれる	逃	68	7章
のき	軒	104	11章
のぞーく	除	61	6章
のーばす	延	143	16章
のーびる	延	143	16章
のーべる	述	91	10章
のーべる	延	143	16章
のぼーる	昇	136	15章
は　ハ	破	69	7章
ハ	刃	72	7章

読み	漢字	ページ	章		読み	漢字	ページ	章
ハ	波	87	9章		ヒョウ	票	152	17章
は	端	111	12章		ヒョウ	兵	156	18章
ハイ	配	20	1章		ビョウ	猫	129	14章
ハイ	俳	36	3章		ヒン	貧	94	10章
ハイ	背	43	4章		ヒン	浜	139	15章
ハイ	輩	76	8章		ビン	貧	94	10章
ハイ	拝	78	8章		ビン	瓶	107	11章
はい	灰	128	14章	ふ	フ	符	27	2章
ハイ	敗	153	17章		フ	普	27	2章
バイ	梅	126	14章		フ	布	37	3章
は－え	栄	40	3章		フ	怖	70	7章
は－える	栄	40	3章		フ	浮	88	9章
は－く	掃	24	1章		フ	富	94	10章
は－く	吐	123	13章		フ	敷	105	11章
ハク	薄	39	3章		フ	阜	163	19章
ハク	博	91	10章		ブ	舞	37	3章
ハク	拍	121	13章		ブ	武	157	18章
ハク	迫	158	18章		フウ	富	94	10章
バク	暴	68	7章		フウ	封	106	11章
バク	博	91	10章		ふ－える	増	61	6章
バク	爆	157	18章		ふ－かす	更	143	16章
はげ－しい	激	87	9章		フク	腹	43	4章
はげ－ます	励	75	8章		フク	幅	62	6章
はげ－む	励	75	8章		ふ－く	噴	86	9章
はし	端	111	12章		ふ－く	吹	87	9章
はじ	恥	70	7章		ふく－む	含	21	1章
は－じらう	恥	70	7章		ふく－める	含	21	1章
は－じる	恥	70	7章		ふ－ける	更	143	16章
は－ずかしい	恥	70	7章		ふし	節	44	4章
はず－む	弾	157	18章		ふせ－ぐ	防	85	9章
はた	端	111	12章		ふた	双	121	13章
はだ	肌	124	13章		ふだ	札	30	2章
バチ	罰	160	18章		ぶた	豚	130	14章
ハツ	法	92	10章		フツ	払	29	2章
ハツ	髪	124	13章		ふ－やす	増	61	6章
バツ	抜	46	4章		ふ－る	振	30	2章
バツ	罰	160	18章		ふ－るう	振	30	2章
はな	華	124	13章		ふる－う	震	85	9章
はな－す	離	69	7章		ふる－える	震	85	9章
はな－す	放	130	14章		ふ－れる	振	30	2章
はな－つ	放	130	14章		ふ－れる	触	46	4章
はな－れる	離	69	7章		フン	噴	86	9章
はな－れる	放	130	14章	へ	ヘイ	並	23	1章
はば	幅	62	6章		ヘイ	柄	114	12章
はぶ－く	省	153	17章		ヘイ	兵	156	18章
はま	浜	139	15章		ヘキ	壁	104	11章
はら	腹	43	4章		ベツ	別	69	7章
はら－う	払	29	2章		べに	紅	128	14章
はり	針	46	4章		へ－らす	減	61	6章
は－る	張	69	7章		へ－る	減	61	6章
ハン	般	54	5章		ヘン	編	62	6章
ハン	販	59	6章		ヘン	片	62	6章
ハン	版	62	6章	ほ	ホ	捕	93	10章
ハン	犯	71	7章		ボ	募	54	5章
ハン	阪	162	19章		ボ	簿	91	10章
ひ	皮	46	4章		ボ	暮	106	11章
ヒ	疲	52	5章		ホウ	宝	40	3章
ヒ	比	55	5章		ホウ	訪	53	5章
ヒ	被	86	9章		ホウ	抱	75	8章
ヒ	避	88	9章		ホウ	崩	86	9章
ひ	灯	108	11章		ホウ	法	92	10章
ヒ	批	154	17章		ホウ	豊	94	10章
ビ	美	127	14章		ホウ	封	106	11章
ひ－く	弾	157	18章		ホウ	放	130	14章
ひたい	額	59	6章		ホウ	泡	137	15章
ひつじ	羊	130	14章		ホウ	砲	156	18章
ひと－しい	等	94	10章		ボウ	忙	52	5章
ひび－く	響	85	9章		ボウ	暴	68	7章
ヒョウ	標	27	2章		ボウ	防	85	9章
ヒョウ	評	56	5章		ボウ	帽	114	12章
ヒョウ	拍	121	13章		ボウ	肪	120	13章

さくいん

読み	漢字	ページ	章
ボウ	坊	144	16章
ほうーる	放	130	14章
ボク	僕	76	8章
ボク	牧	130	14章
ホッ	法	92	10章
ボッ	坊	144	16章
ほね	骨	44	4章
ほのお	炎	86	9章
ほら	洞	140	15章
ほーる	掘	140	15章
ま まい	舞	37	3章
マイ	埋	88	9章
まいーる	参	77	8章
まーう	舞	37	3章
まき	巻	23	1章
まき	牧	130	14章
まーく	巻	23	1章
まご	孫	151	17章
まーざる	混	21	1章
まーじる	混	21	1章
まーす	増	61	6章
まずーしい	貧	94	10章
まーぜる	混	21	1章
まち	街	108	11章
まつ	松	126	14章
まなこ	眼	122	13章
まねーく	招	20	1章
まよーう	迷	71	7章
まわーり	周	74	8章
み みだーす	乱	93	10章
みだーれる	乱	93	10章
みちびーく	導	90	10章
みな	皆	75	8章
みなと	港	26	2章
みなもと	源	137	15章
ミャク	脈	121	13章
ミョウ	命	42	4章
みーる	診	42	4章
ミン	眠	120	13章
ミン	民	152	17章
む ム	務	56	5章
ム	武	157	18章
むな	胸	43	4章
むね	胸	43	4章
むら	群	162	19章
むらさき	紫	128	14章
むーれ	群	162	19章
むーれる	群	162	19章
め メイ	命	42	4章
メイ	迷	71	7章
メイ	盟	159	18章
めぐーむ	恵	137	15章
めーす	召	78	8章
めずらーしい	珍	113	12章
メン	綿	126	14章
も もうーす	申	77	8章
もっぱーら	専	90	10章
もと	基	91	10章
もとい	基	91	10章
もどーす	戻	29	2章
もどーる	戻	29	2章
もよおーす	催	142	16章
もーる	盛	21	1章
や ヤク	役	58	6章
ヤク	益	60	6章
やしなーう	養	52	5章
やとーう	雇	54	5章
やぶーる	破	69	7章
やぶーれる	破	69	7章
やぶーれる	敗	153	17章
やわーらか	柔	38	3章

読み	漢字	ページ	章
やわーらか	軟	38	3章
やわーらかい	柔	38	3章
やわーらかい	軟	38	3章
ゆ ユ	輸	28	2章
ユ	遊	76	8章
ユウ	郵	28	2章
ユウ	融	28	2章
ユウ	誘	72	7章
ユウ	遊	76	8章
ユウ	勇	113	12章
ゆか	床	104	11章
ゆたーか	豊	94	10章
ゆだーねる	委	152	17章
ゆるーす	許	92	10章
よ ヨ	預	30	2章
ヨ	余	61	6章
ヨ	与	129	14章
よーい	善	56	5章
ヨウ	溶	21	1章
ヨウ	腰	43	4章
ヨウ	養	52	5章
ヨウ	容	71	7章
ヨウ	羊	130	14章
ヨウ	踊	142	16章
よごーす	汚	24	1章
よごーれる	汚	24	1章
よーせる	寄	142	16章
よそおーう	装	114	12章
よーる	因	45	4章
よーる	寄	142	16章
ら ライ	頼	55	5章
ライ	雷	84	9章
ラン	覧	36	3章
ラン	乱	93	10章
り リ	裏	62	6章
リ	離	69	7章
リチ	律	92	10章
リツ	律	92	10章
リャク	略	59	6章
リュウ	粒	107	11章
リョウ	漁	28	2章
リョウ	両	29	2章
リョウ	療	42	4章
リョウ	僚	76	8章
リョウ	了	78	8章
リョウ	涼	84	9章
リョウ	寮	105	11章
リョウ	領	159	18章
リン	輪	26	2章
リン	隣	105	11章
れ レイ	戻	29	2章
レイ	励	75	8章
レイ	齢	123	13章
レイ	令	150	17章
ろ ロウ	廊	104	11章
ロン	論	53	5章
わ わ	輪	26	2章
わ	我	74	8章
わかーれる	別	69	7章
わく	枠	111	12章
わざわーい	災	85	9章
わずらーう	患	122	13章
わた	綿	126	14章
わたーす	渡	20	1章
わたーる	渡	20	1章
わり	割	69	7章
わーる	割	69	7章
われ	我	74	8章
わーれる	割	69	7章
ワン	腕	43	4章
ワン	湾	139	15章

解答

● p25　1章 生活1　復習
【1】①はいたつ　②ていけん　③せいだいな　④しゅうかんし　⑤いざかや　⑥ならんで　⑦しょうたいじょう　⑧こうてい　⑨せいそう　⑩けいやくしょ
【2】①商品券　②招かれた　③届いた　④渡る　⑤配る　⑥天井　⑦区域　⑧雑誌　⑨贈った　⑩整理

● p31　2章 町　復習
【1】①きざむ　②とうちゃく　③あやまち　④きっぷ　⑤もくせい　⑥ていしゃ　⑦けっこう　⑧きんゆう　⑨みなと　⑩きぶんてんかん
【2】①指輪　②輸入　③両替　④駐車場　⑤間違えて　⑥普及　⑦預けて　⑧途中　⑨目標　⑩手帳

● p32　1・2章 アチーブメントテスト　（配点：【1】【2】は各2点、【3】は各4点）
【1】1.②　2.③　3.①　4.②　5.④　【2】1.①　2.④　3.②　4.④　5.①
【3】①しょうたいじょう　②届いた　③渡す　④混雑　⑤どんぶり　⑥おくる　⑦並ばなくて　⑧ふりこみ　⑨預金　⑩ざんだかしょうかい　⑪つうちょう　⑫きちょう　⑬両替　⑭同居　⑮庭　⑯引っ越した　⑰途中　⑱なみき　⑲ちゅうりん　⑳くいき

● p34　1・2章 クイズ
【1】庭
【2】1.戻-もど　2.込-こ　3.預-よ　4.照-しょう　5.帳-ちょう　6.振・替-しん・たい　7.越-こ　8.居-い
【3】1.①港　②航　2.①刊　②巻　③換　3.①郵　②融　4.①盛　②清　③製　④整　5.①渡　②途　6.①招　②証　7.①仮　②過
【4】1.帰→掃　2.容→溶　3.昆→混　4.志→誌　5.輸→輪　6.票→標　7.魚→漁

● p41　3章 文化　復習
【1】①はいく　②ごらん　③かけて　④じゅうなんに　⑤ぞうしょ　⑥できばえ　⑦ほうせき　⑧じだいげき　⑨こころよく　⑩うすがた
【2】①単純な　②姿勢　③布　④作詞　⑤固い　⑥濃く　⑦城下町　⑧発展　⑨脱いで　⑩お見舞い

● p47　4章 健康-1　復習
【1】①ふしめ　②きょうい　③うでどけい　④くうふく　⑤ふっきん　⑥ばつぐん　⑦きんきょう　⑧ことなる　⑨けんざい　⑩よる
【2】①健康　②肩書き　③生態　④背　⑤生命保険　⑥筋道　⑦症状　⑧診療　⑨抜かして　⑩応急処置

● p48　3・4章 アチーブメントテスト　（配点：【1】【2】は各2点、【3】は各4点）
【1】1.③　2.②　3.④　4.④　5.③　【2】1.①　2.④　3.①　4.①　5.③
【3】①げきじょう　②てんらんかい　③ぶし　④しゅうきょう　⑤蔵　⑥脱いで　⑦かかって　⑧かほう　⑨柔軟　⑩健康　⑪姿勢　⑫あまみ　⑬うすめ　⑭濃かった　⑮胃　⑯原因　⑰血圧　⑱はり　⑲ぬく　⑳処方

● p50　3・4章 クイズ
【1】①脳　②肩　③胸　④心臓　⑤胃　⑥腹／腹筋　⑦背中　⑧腰／背筋　⑨関節　⑩筋肉
【2】1.腕　2.腹　3.腰　4.肩　5.骨
【3】①展　②宝　③命　④節
【4】1.俳句　2.歌舞伎　3.大阪城　4.昭和　5.刀　6.節分
【5】①はいじん　②展示　③節目　④国宝　⑤いたまない　⑥にまんく　⑦せなか　⑧触れて

● p57　5章 仕事　復習
【1】①たぼうな　②つとめて　③おとずれた　④さいよう　⑤つかれた　⑥いらい　⑦おうぼ　⑧したがって　⑨きかく　⑩きょうよう
【2】①改善　②案内　③総合　④比較　⑤評判　⑥雇う　⑦議論　⑧競う　⑨兼任　⑩就職

● p63　6章 会社　復習
【1】①かぶしきがいしゃ　②けいげん　③けいえい　④たんしゅく　⑤かたづける　⑥ほぞんばん　⑦ねだん　⑧ふさい　⑨けいき　⑩ていがく

【2】①幅広い　②納める　③除く　④余分な　⑤資料　⑥裏　⑦損なう　⑧充実　⑨減らす　⑩役所

● p64　5・6章 アチーブメントテスト　（配点：【1】【2】は各2点、【3】は各4点）
【1】1.①　2.③　3.③　4.④　5.①　【2】1.③　2.①　3.②　4.①　5.④
【3】①かぶしきがいしゃ　②就職　③つうきん　④疲れて　⑤なれました　⑥いっぱんてきな　⑦営業　⑧はんばい　⑨訪問　⑩やしなわれた　⑪役に立っている　⑫はばひろい　⑬しんらい　⑭課題　⑮資料　⑯提案　⑰評価　⑱いそがしい　⑲充実　⑳こたえられる

● p66　5・6章 クイズ
【1】1. 拡大　2. 採用　3. 購入　4. 増加　5. 得　【2】1. B　2. A　3. C　4. D
【3】1. いたずらを企てる〔くわだてる〕―貯金を生活費に充てる〔あてる〕　2. 税金を納める〔おさめる〕―パーティーで司会を務める〔つとめる〕　3. セーターを編む〔あむ〕―家族で店を営む〔いとなむ〕　4. 参加者を募る〔つのる〕―ゴール直前まで競る〔せる〕　5. 旅行で京都を訪れる〔おとずれる〕―新しい生活に慣れる〔なれる〕
【4】1. 業務　改善　適切　2. 価格　利益　企画　3. 総合　議論　4. 比較　充電　金額　5. 出版　採用　勤務

● p73　7章 ミステリー　復習
【1】①きんちょう　②まよって　③どくさつ　④はさん　⑤おそろしさ　⑥さそわれて　⑦とうさく　⑧こわい　⑨りこん　⑩にげた
【2】①嫌い　②責任　③叫んで　④別居　⑤第一印象　⑥暴力　⑦中毒　⑧犯罪者　⑨割引　⑩恥ずかしい

● p79　8章 人間関係　復習
【1】①かこんで　②かんしゃ　③まいりました　④そんけい　⑤だきしめた　⑥もうします　⑦せんぱい　⑧けいしょう　⑨きょうつう　⑩みなさま
【2】①御家族　②尊い　③励まされた　④一緒　⑤お互い　⑥参拝客　⑦協力　⑧謝る　⑨周囲　⑩致命的な

● p80　7・8章 アチーブメントテスト　（配点：【1】【2】は各2点、【3】は各4点）
【1】1.②　2.①　3.④　4.②　5.④　【2】1.②　2.③　3.④　4.①　5.④
【3】①ごうとう　②事件　③はんにん　④殴り　⑤叫び　⑥逃走　⑦防犯　⑧さつがい　⑨ようぎしゃ　⑩せめられ　⑪暴力　⑫憎んで　⑬遊園地　⑭めいろ　⑮まわり　⑯かこまれて　⑰けいろう　⑱わりびき　⑲みなさん　⑳一緒

● p82　7・8章 クイズ
【1】敬
【2】①緊張　②印象　③敬語　④責任感　⑤同僚　⑥協力
【3】①どくやく　②恐ろしい　③はんにん　④だれ　⑤暴く　⑥りこん　⑦別居　⑧きょうさいか　⑨殴った　⑩逃げる

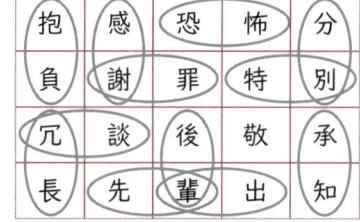

● p89　9章 災害　復習
【1】①ふんか　②しえん　③こうずい　④つなみ　⑤ぼうさい　⑥かんそう　⑦しつど　⑧とうかい　⑨あらし　⑩くずれた
【2】①被害　②壊れた　③傾いた　④影響　⑤沈む　⑥激しい　⑦浮かべて　⑧電波　⑨涼しい　⑩避難

● p95　10章 社会1　復習
【1】①ぎむ　②じゅくこうし　③びょうどう　④きそく　⑤みちびいた　⑥めいぼ　⑦きんしゅ　⑧きじゅつ　⑨ひんぷ　⑩もとづいて
【2】①修士　②法学部　③産まれた　④許可証　⑤専門　⑥反乱　⑦博物館　⑧豊か　⑨警察官　⑩教訓

● p96　9・10章 アチーブメントテスト　（配点：【1】【2】は各2点、【3】は各4点）
【1】1.③　2.②　3.②　4.①　5.④　【2】1.④　2.②　3.③　4.②　5.①
【3】①ぼうさい　②こうざ　③じしん　④倒壊　⑤ほのお　⑥洪水　⑦崩れ　⑧警察　⑨しょうぼう　⑩訓練　⑪震度　⑫さいがい　⑬もとづいた　⑭考察　⑮みちびいて　⑯指導　⑰しゅうし　⑱応援　⑲将来　⑳専門

● p98　9・10章 クイズ
【1】1. 貧血　2. 対等　3. 博物館　4. 家計簿　5. 禁じられて　6. 吹いて
【2】1. 義務　ぎむ　2. 署名　しょめい　3. 法則　ほうそく　4. 雷鳴　らいめい　5. 泥酔　でいすい　6. 浮上　ふじょう

【3】清涼飲料

【4】①沈 ②荒 ③影 ④捕 ⑤塾　【5】1.激 2.規 3.乱 4.限

● p100　基本編　まとめテスト　（配点：【1】【2】は各1点、【3】は各3点）
【1】1.④ 2.① 3.④ 4.② 5.③
【2】1.② 2.① 3.③ 4.① 5.③
【3】①やちん ②値上げ ③ひっこす ④はなれる ⑤港 ⑥りょう ⑦戻って ⑧ふく ⑨じしん ⑩津波 ⑪えいきょう ⑫胸 ⑬ざっし ⑭評判 ⑮さんこう ⑯ふどうさんや ⑰にゅうきょしゃ ⑱募集 ⑲警察署 ⑳ひかく ㉑印象 ㉒たいおう ㉓信頼 ㉔契約 ㉕健康 ㉖しはらい ㉗ふりこみ ㉘もうしこむ ㉙せんぱい ㉚庭

● p109　11章 生活2　復習
【1】①つめこむ ②おせいぼ ③たたみ ④かびん ⑤じゅうたい ⑥ろうか ⑦しょうとう ⑧しょうてんがい ⑨こうしんりょう ⑩しききん
【2】①起床 ②お菓子 ③寮 ④狭く ⑤封筒 ⑥奥歯 ⑦往復 ⑧別荘 ⑨隣 ⑩距離

● p115　12章 働く　復習
【1】①よそおい ②そくせんりょく ③かせいで ④おごそかに ⑤いだいな ⑥かたく ⑦めずらしい ⑧すみ ⑨わく ⑩かしこい
【2】①詳細 ②厳しい ③需要 ④携帯 ⑤人柄 ⑥帽子 ⑦頑固 ⑧印刷 ⑨鋭い ⑩傘

● p116　11・12章 アチーブメントテスト　（配点：【1】【2】は各2点、【3】は各4点）
【1】1.① 2.④ 3.② 4.⑤ 5.③　【2】1.③ 2.② 3.③ 4.⑤ 5.③
【3】①おせいぼ ②珍しい ③お菓子 ④びんづめ ⑤こうしんりょう ⑥粒 ⑦よさんわく ⑧花柄 ⑨包装紙 ⑩かんたんな ⑪同封 ⑫あてさき ⑬かさ ⑭え ⑮かわせい ⑯靴 ⑰帽子 ⑱暮れて ⑲距離 ⑳じゅうたい

● p118　11・12章 クイズ
【1】1.硬 きょうこうな 2.勇 ゆうき 3.携 けいたい 4.斜 しゃめん 5.頑 がんこな
【2】1.交通渋滞 2.封筒 3.花瓶 4.敷金 5.先端技術 6.麦わら帽子
【3】1.硬い 2.簡単 3.需要 4.縦 5.鈍い 6.復路
【4】①せまくて ②たたみ ③とこのま ④かべ ⑤ろうか ⑥あかり

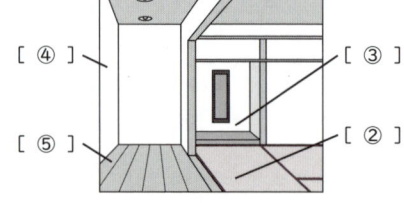

● p125　13章 健康2　復習
【1】①はなやか ②せいたん ③わずらって ④しんぱくすう ⑤やくざいし ⑥ふみん ⑦しや ⑧じょきん ⑨いさぎよく ⑩けむり
【2】①名刺 ②渇いて ③妊娠 ④双子 ⑤一睡 ⑥鏡 ⑦脈拍 ⑧眼中 ⑨低脂肪 ⑩喫茶店

● p131　14章 動植物　復習
【1】①さく ②さんぽ ③むらさきいろ ④こうよう ⑤いろどる ⑥ぼくちく ⑦す ⑧はなした ⑨めんみつに ⑩ぜったいに
【2】①飾る ②新鮮な ③灰色 ④飼って ⑤豚肉 ⑥絶やさない ⑦枯らして ⑧開放 ⑨香り ⑩与える

● p132　13・14章 アチーブメントテスト　（配点：【1】【2】は各2点、【3】は各4点）
【1】1.② 2.① 3.④ 4.③ 5.②　【2】1.③ 2.④ 3.③ 4.② 5.①
【3】①ねんれい ②ししつ ③放置 ④ぶたにく ⑤重視 ⑥新鮮な ⑦ざい ⑧刺激 ⑨たんじょうび ⑩紅茶 ⑪きんえん ⑫灰皿 ⑬いさぎよく ⑭解放 ⑮かわいた ⑯眠気 ⑰たいぼう ⑱しんぱくすう ⑲散歩 ⑳満喫

● p134　13・14章 クイズ
【1】1.牧 羊 2.畜 飼 豚 3.舌 猫
【2】①睡 すいみん ②吐 はく ③綿 めん ④粧 けしょう 肌 はだ ⑤髪 かみ 潔 せいけつ ⑥鏡 かがみ

【3】1．脈 みゃく　刺す さす　吐き気 はきけ　2．妊娠 にんしん　双子 ふたご　脚 あし
【4】1．桜 さく　はなやか　ちる　2．梅 かおり　3．菊 うつくしい　4．松 かざる　5．杉 にゅうよくざい

● p141　15章 地球　復習
【1】①わんない　②おき　③すなはま　④いどみず　⑤さわのぼり　⑥しんげんち　⑦かんきょう　⑧じょうしょう　⑨うちゅう　⑩どろぬま
【2】①入り江　②高層　③泉　④滝　⑤点滴　⑥南極　⑦炭水化物　⑧洞穴　⑨冷凍　⑩清浄機

● p145　16章 文化　復習
【1】①ちょうまんいん　②ごかい　③そうおん　④てつや　⑤にほんぶよう　⑥もよおしもの　⑦せいしんてき　⑧ほんでん　⑨くみかわし　⑩えんたい
【2】①赤ん坊　②跡地　③想像　④お年寄り　⑤祈願　⑥宴会　⑦記憶　⑧更に　⑨誤って　⑩延ばして

● p146　15・16章 アチーブメントテスト
【1】1．②　2．③　3．①　4．⑤　5．④　【2】1．③　2．③　3．①　4．②　5．④
【3】①環境　②めぐまれた　③銅　④さいくつ　⑤あな　⑥ほった　⑦跡　⑧くうどう　⑨地層　⑩たき　⑪沢　⑫ちかよって　⑬浄化　⑭凍って　⑮温泉　⑯ごくらく　⑰すみび　⑱井戸水　⑲泡　⑳みなもと

● p148　15・16章 クイズ
【1】1．砂　2．精　3．超　4．踊　5．酌
【2】1．泥沼 どろぬま　2．滴 すいてき　3．瀬 あさせ　4．滝 たき　5．浄 せんじょう
【3】1．①宴　②延　2．①騒　②層　3．①鉱　②更
【4】1．堀→掘　2．象→像　3．清→精　4．完→宇　5．防→坊
【5】①おどって　②さわいだり　③おしゃくした　④きおく　⑤てつや

● p155　17章 社会2　復習
【1】①しかい　②きせい　③じょうけん　④やまだし　⑤でんとう　⑥にゅうかく　⑦じゅうみんひょう　⑧せんそう　⑨やぶれた　⑩かんび
【2】①都庁　②対策　③批判　④権利　⑤選挙　⑥似て　⑦委員　⑧秩序　⑨国際　⑩祖父母

● p161　18章 社会3　復習
【1】①かめい　②けいじ　③さがす　④ちょくげき　⑤たいほう　⑥かくしん　⑦じゅうこう　⑧だいとうりょう　⑨くっしん　⑩おびやかして
【2】①罰金　②文武　③射た　④専攻　⑤爆笑　⑥保護　⑦検討　⑧衛生　⑨裁判　⑩占い

● p165　19章 地名　復習
【1】①やまなしけん　②みやざきけん　③かいづか　④さいきょうせん　⑤さきゅう　⑥いばらきけん　⑦むれ　⑧とちぎけん　⑨えひめけん　⑩はんしん
【2】①埼玉県　②抜群　③茨　④奈良　⑤岡山県　⑥梨　⑦丘　⑧鹿　⑨岐路　⑩2丁目

● p166　17-19章 アチーブメントテスト　（配点：【1】【2】は各2点、【3】は各4点）
【1】1．②　2．④　3．④　4．⑤　5．①　【2】1．③　2．④　3．④　4．③　5．②
【3】①裁判　②しんにゅう　③目撃者　④さがして　⑤弁護士　⑥じっけん　⑦国民　⑧政策　⑨とうしゅ　⑩討論　⑪ないかく　⑫大臣　⑬選挙権　⑭投票　⑮そふぼ　⑯りょうど　⑰てき　⑱銃　⑲発砲　⑳秩序

● p168　17-19章 クイズ
【1】1．梨　2．岐阜　3．阪　4．岡　5．崎　6．鹿　7．媛　8．群　9．栃　10．茨　11．埼　12．奈
【2】1．罰 けいばつ　2．衛 じんこうえいせい　3．屈 たいくつ　4．条 じょうやく　5．省 はんせい
【3】1．①軍　②群　2．①党　②統　3．①際　②裁　③埼
【4】1．制服 せいふく　2．批判 ひはん　3．注射 ちゅうしゃ　4．敗退 はいたい
【5】1．条件反射　2．完全燃焼　3．油断大敵　4．正当防衛　5．集中砲火

● p170　挑戦編 まとめテスト　（配点：【1】【2】は各1点、【3】は各3点）
【1】1．①　2．③　3．①　4．②　5．④　【2】1．③　2．③　3．④　4．①　5．②
【3】①こうよう　②なら　③渋滞　④あざやかな　⑤散歩　⑥しか　⑦仏像　⑧しろあと／じょうせき　⑨ゆうぐれ　⑩美しく　⑪かんきわまって　⑫えんかい　⑬もよおし　⑭くみかわし　⑮徹夜　⑯枯れた　⑰騒いだ　⑱踊った　⑲厳しく　⑳記憶　㉑すいみんぶそく　㉒げんせん　㉓満喫　㉔ぼくじょう　㉕羊　㉖偶然　㉗珍しい　㉘びんづめ　㉙にんしんちゅう　㉚お菓子

漢字マスター N2 改訂版
Kanji for high-intermediate level

2022 年 3 月 30 日　第 1 刷発行
2024 年 6 月 30 日　第 4 刷発行

編著者	アークアカデミー
	遠藤 由美子　齊藤 千鶴　樋口 絹子　細田 敬子　是永 晴香　澤野 亜紀
	増田 麻美子　下重 ひとみ　岸 啓太　石橋 彩
発行者	前田 俊秀
発行所	株式会社三修社
	〒 150-0001　東京都渋谷区神宮前 2-2-22
	TEL 03-3405-4511　FAX 03-3405-4522
	振替　00190-0-72758
	https://www.sanshusha.co.jp
	編集担当　田中 由紀
編集協力	浅野 未華
デザイン	土屋 みづほ
DTP	ファーインク
イラスト	ヨコヤマサオリ・峰村友美
印刷・製本	壮光舎印刷株式会社

©2022 ARC Academy Printed in Japan ISBN978-4-384-05962-5 C2081

JCOPY 〈出版者著作権管理機構 委託出版物〉

本書の無断複製は著作権法上での例外を除き禁じられています。複製される場合は、
そのつど事前に、出版者著作権管理機構（電話 03-5244-5088 FAX 03-5244-5089
e-mail: info@jcopy.or.jp）の許諾を得てください。